가부장 무너뜨리기

Why Does Patriarchy Persist?

가부장 무너뜨리기

캐럴 길리건·나오미 스나이더 지음 | 이경미 옮김

심플라이프

일러두기

본문에 들어간 각주는 모두 옮긴이 주이다. 원서 주는 미주로 표시했다.

차례

감사의 말

이 책은 뉴욕대학교 법학대학에서 2014년 가을 학기에 진행한 부당함에 맞서기 세미나seminar on resisting injustice에서 시작되었습니다. 2016년 가을, 윌리엄 앨런슨 화이트 연구소가 주재한 컬로퀴엄 시리즈에 토론자로 참가하면서 논의를 더욱 발전시킬 수 있었지요. 토론은 도널드 트럼프의 대통령 당선이 확실시된 그 다음 날 밤에 열렸습니다. 토론 자료를 검토하던 출판 편집자 존 톰프슨John Thompson이 이 내용을 책으로 출간하면 어떻겠느냐고 제안했습니다.

많은 분 덕분에 이 책이 나올 수 있었습니다. 부당함에 맞서기 세미나에서 저와 함께 학생들을 지도했던 데이비드 리처즈David Richards, 윌리엄 앨런슨 화이트 연구소에서 컬로퀴엄 시리즈를 진행한 낸시 네레오Nancy Nereo, 폴리티 출판사의 존 톰프슨에게 모든 공을 돌립니다. 그들은 나오미와 내가 함께 작업할 수 있도록 격려와 지원을 아끼지 않았습니다.

또한 자신의 목소리로 개인적인 경험을 진솔하게 이야기해준 학생들에게 깊은 고마움을 전합니다. 그들이 보여준 용기가 우리가 밝혀낸 몇 가지 사실이 진실임을 확인해주었습니다. 특히 애덤, 재키, 크리스틴, 케이티가 큰 도움을 주었습니다. 뉴욕대학교의 '극단적 경청 프로젝트' 구성원들에게도 감사의 말을 전합니다. 이 고마움을 어떻게 다 표현해야 할지 모르겠네요. 재클린 크루즈Jacqueline Cruz, 제시카 에디Jessica Eddy, 누어 존스 베이Noor Jones-Bay, 토냐 레슬리Tonya Leslie는 초고를 꼼꼼하게 읽고 의견을 주었습니다. 그들이 준 도움 덕분에 우리는 우리가 제기한 여러 이슈를 더욱 명징하게 들여다볼 수 있었습니다. 특히 인종과 젠더의 상호 교차점에 관한 누어의 놀라운 통찰력에 찬사를 보냅니다. 어설라 다이아몬드Ursula Diamond, 블라이드 호손-로이조Blythe Hawthorne-Loizeaux, 데이나 카린Dana Karin 역시 초고를 읽고 피드백을 주었습니다. 고맙습니다. 뉴욕대학교의 부학장 린다 밀스Linda Mills에게도 고마움을, 든든하게 우리를 지지해준 베스 내시Beth Nash에게도 각별한 감사의 마음을 전합니다.

왜 가부장제는 무너지지 않는가

✦✦ 캐럴과 나오미

2016년 늦가을 도널드 트럼프가 대통령으로 선출되는 바람에 사람들이 갈피를 잡지 못하던 그즈음, 법대 학생 애덤은 자신의 내면을 들여다보느라 여념이 없었습니다. 애덤은 '부당함에 맞서기'라는 세미나에서 마지막 리포트를 쓰던 중 우정을 배신했던 과거가 떠올라 심란했습니다.

올리와는 여섯 살 때부터 친구였고 같은 축구팀에서 뛰며 친해졌지요. 애덤은 올리와 많은 시간을 함께 보내며 가장 은밀한 비밀까지 털어놓는 '형제 같은 사이'가 되었습니다.

아홉 살 때의 일입니다. 학교에서 교내 콘서트를 개최한다는 공고가 나붙었습니다. 애덤은 올리에게 콘서트 오디션에 참가하고 싶다고 고백했습니다. 이는 자신이 노래를 좋아한다는 사실을 가족 외의 다른 사람에게 처음으로 털어놓은 것이었습니다. 무언가를 좋아한다고 고백하는 게 부끄러워 '농담'이라는 말을 덧붙이기도 했지요. "상당히 큰마음 먹고 한 고백이었어요. 올리가 나를 조롱할까 봐 내심 걱정했는데 이 친구는 자기 앞에서 노래를 연습해보라며 하루 종일 같이 있어 주었어요. 함께 주워온 박스로 무대를 만들기도 했죠." 이렇게 두 사람의 우정은 단단하게 이어져 있었습니다.

그러나 10학년이 되면서 애덤은 이런 글을 씁니다. "난생처음 의도적으로 올리와 거리를 두기 시작했다. 올리와 같은 학교에 다니는 여학생들이 내가 예전부터 의심하던 부분을 확인해주었다. 올리는 동성애자였다."

그때부터 애덤은 올리와 '그저 축구하며 알게 된 사이'라고 말하기 시작했습니다. 우정은 '함께 운동하고 집이 가깝다 보니 발생한 우연한 일'이 되어버렸습니다. 할아버지에게 이렇게 말한 기억도 납니다. "예전에는 제일 친한 친구였지만 이제는 아니에요, 할아버지." 고등학교 고학년이 되면서 두 소년은 '연락도 뜸해지고' 그저 '각자 생일에 문자 정도 보내는 관계'가 되었습니다.

애덤은 10학년 때 올리를 절친으로 여기지 않기로 한 자신의 결정이 "옳다기보다는 예정된 절차였다"고 회상합니다. "작정한 바를 정확히 실행했을 뿐이다. 남자애들은 그 정도 나이가 되면

더 이상 절친을 필요로 하지 않는다. 나 역시 그즈음 절친과 거리를 두었다. 우정의 법칙을 깨는 친구는 확실히 절친이라고 말할 수 없다." 그러면서도 애덤은 '말할 수 없이 깊은 슬픔'을 느꼈습니다. 올리와의 연대감을 깨고 싶진 않았지만 그렇게 해야만 한다는 생각이 들었던 것입니다.

> 마치 알 수 없는 무언가가 내게 감정과 이성을 분리해야 한다고 말하는 것 같았다. 나는 정확히 그게 뭔지 몰랐다. 단순히 호기심으로 가만있는 배를 흔들어보자는 심사는 아니었다. 사실 누군가가 '나를 움직이는 힘이 아이스킬로스의 비극 3부작 『오레스테이아』에 등장하는 바로 그 힘'이라고 말했다면 어이가 없어 크게 웃어버리거나 아니면 어리둥절해했을 것이다. 사실 그때 나는 가부장제 혹은 남자다움의 구조 안으로 막 진입할 시기였다. 가부장제를, 남자다움을 의식하거나 별달리 생각하지도 않은 채 말이다. 이것이 가부장제가 가진 문제다. 가부장제는 엄청난 힘을 발휘하지만 실체가 없다. 가부장제의 영향은 간접적으로 사방에 퍼져 있다. 범인은 글쎄, 유령이라고 말하는 것이 더 나으려나…….

수치심이라곤 모르는 가부장의 표본이 대통령에 선출된 후 무의식적이었던 것 혹은 '별생각 없이' 행해온 것이 의식의 차원으로 떠올랐습니다. 애덤은 자신이 한 행동 때문에 마음이 괴로웠습니다. 그를 이끈 힘, 고대부터 만들어져온 가부장제와 남자다움에 대한 틀은 실체가 없었습니다. 그러나 가부장제가 미치는 영향은 빈틈이 없었지요. 아룬다티 로이Arundhati Roy i가 가부장제의 핵심 법칙이라고 명했으며 "누가 어떻게 얼마나 사랑받아야 하는지를 명기한"[1] 사랑의 법칙에 의거해 애덤은 올리에 대한 사랑을 포기했습니다. "난 올리를 깊이 사랑했고 진심으로 좋아했습니다. 물론 성적이라기보다는 형제애, 가족애에 가까웠지요. 결코 깨고 싶지 않을 만큼 진정으로 올리와 연결되어 있었지만 이런 마음과는 정반대로 만행을 저질렀습니다."

사회학 박사과정에 있는 재키는 그동안 자신이 지켜온 침묵에 대해 곰곰이 생각했습니다. 그녀는 꽤 유명한 대학교에 다녔는데 4학년 때 같은 과 학생에게 강간당했습니다. 가해자는 '신입생 때부터 그녀가 알고 지내던' 학생이었습니다. 재키가 친구라 믿었던 그 남자는 그날 밤 '본색'을 드러냈습니다. 그는 재키가 고함을 지르고 멈추라고 수차례 애원했음에도 폭력을 행사했습니다. 문제는 강간 그 자체가 아니었습니다("내가 강간당했음을 인정합니다").

부당함에 맞서기 세미나에서 마지막 리포트를 쓰던 중 재키는 '그것을 극복해야' 하고 평지풍파를 일으키지 말아야 하며 가해자의 인생을 망치지 말아야 한다는 압박감에 짓눌려 살던 시절을 기억해냈습니다.

i 인도 출신 소설가이자 시민운동가. 『작은 것들의 신』의 저자이다.

강간당한 이후 재키는 학교로 돌아갔습니다. "고개를 떨구고 입을 다물었습니다. 그 일을 건드리고 싶지 않았고 강간 피해자는 더더구나 되고 싶지 않았어요. 3년 동안 친구로 지냈던 누군가가 그렇게 무자비할 수 있다는 사실도 믿고 싶지 않았습니다." 재키는 "나 자신을 희생해 그를 보호했다"는 사실을 비로소 인식했습니다. 마치 강간이 일어나지 않았다는 듯 그와 함께 살아가기를 용납했던 것이지요. 그녀는 묻습니다. 왜 자신은 '이미 알고 있는 것을 모르는 척하라고' 강요하는 사회의 주문에 걸려들었을까요?

재키의 경우에도 범인은 역시 유령 같았습니다. 존재하되 실체가 없고 강력하나 만질 수 없었습니다. 그 유령은 가부장제입니다. 가부장제의 숨길 수 없는 표식은 남성다움과 여성다움이라는 암호였지요. 이로 인해 애덤은 올리와의 연대를 끊어내야 했고 재키는 스스로 입 다물 수밖에 없었습니다.

> 여성다움은 나 자신을 대상화당하도록 묵인하고 강간당하게 용인했다. 남성의 전유물로 취급당하게 허용하고 나를 조용히 입 다물게 했다. '착한' 여자가 되어 남자의 '실수'를 눈감아주고 그들을 보호해주었다. 1년 후 경찰에 신고할 때였다. 경찰은 정의로움을 한 번도 경험한 적 없을 것 같은, 조용히 하라는 말을 수도 없이 들어온, 신고했음에도 대학으로부터 침묵하라고 강요받은 다른 피해 여성들의 서류로 가득한 서류철을 열어 보였다. 나 역

시 그 여성들이 속한 복잡한 그물망 속으로 빨려 들어가는 것 같았다. 인종과 계층에 차이가 있었지만 우리는 모두 희생자였다. 성폭력은 일어났고, 그것과 더불어 살아가야 한다는 강압에 매몰당한 희생자들. 그 경찰서에서 난 다시는……, 젠더 불평등과 성폭력에 침묵하지 않겠다고 맹세했다.

재키는 남성의 폭력과 여성의 침묵을 정당화하는 힘에 순응하지 않겠다고 맹세했으나 왜 처음부터 그 힘에 동조했는지 선뜻 이해되지 않았습니다.

동조하지 않을 경우 감내해야 할 부분도 분명 있지요. 명예로운 남성다움과 선한 여성다움이라는 가부장제 암호는 문화가 승인하고 사회가 그것을 시행하는 데 앞장서 왔습니다. 가부장제 암호가 자연스러운 사회에서는 남성다움과 여성다움의 이분법에 맞서는 행위가 진짜 남자 혹은 착한 여자가 할 일은 아니었던 것이죠. 그러나 애덤과 재키는 우리에게 이런 질문을 하라고 부추깁니다. '애덤으로 하여금 감정과 이성을 분리케 하고 자신의 감정에 관해 생각하지 않게 만든 심리, 재키로 하여금 이미 알고 있는 것을 모른 척하게 만든 심리가 여기 어딘가에서 작동하고 있는 건 아닐까'라는 질문 말입니다. 우리는 본질을 묻습니다. 위험하거나 감당하지 못할 것 같은 감정과 지식으로부터 우리를 보호하는 심리기제가 가부장제에 숨어 있는 건 아닐까? 그런 이유 때문에 우리가 계속 가부장제를 끌어안고 있는 건 아닐까?

가부장제란 무엇인가

도널드 트럼프가 대통령에 선출되면서 가부장제의 지속성은 다시 설명을 요하는 질문으로 부상하고 있습니다. 어째서 가부장제는 지속되는 걸까요?

먼저 가부장제가 무엇인지부터 물어야 합니다. 톨스토이는 "사랑이라거나 은근한 연민 같은 자연스럽고 선해 보이는 감정을 수치스럽고 부적절한 것으로 둔갑시키는 권능이 있으며 그 안에는 잔인하고 강렬하면서 정체를 드러내지 않는 희한한 힘이 도사리고 있다"고 말한 바 있습니다. 『안나 카레니나』에는 보통 지나치기 쉬운 이런 장면이 하나 등장합니다. 안나의 남편 카레닌은 냉정한 관료지만 "생전 처음 타인의 고통에 자기도 모르게 연민을 느꼈다. 이전에 그는 그것을 아무짝에도 쓸모없는 유약함이라고 치부해버리곤 했다."[2] 그러나 "그의 영혼을 이런 연민으로 인도한 선한 영적 힘 바로 곁에 거칠면서도 치열한 전혀 다른 힘이 도사리고 있었다."[3] 그는 "모든 것이 불리하게 돌아갈 뿐이니 자신이 선하다고 생각하는 행동들을 하면 안 된다는 것, 세상 사람들의 눈에 맞추되 실은 악한 것을 따라가야 한다는 행동 지침"[4]을 처음부터 파악하고 있었던 것이죠.

우리는 이런 설명을 떠올리면서 가부장제가 젠더 이분법에 기초한 문화이며, 일종의 프레임 혹은 렌즈라고 정의합니다.

1. 인간의 능력을 '남성적' 또는 '여성적'이라고 보고 남성적인 것을 우월하다고 규정합니다.
2. 일부 남성이 다른 남성들보다 우위에 있지만 모든 남성은 모든 여성보다 우위에 있다고 봅니다.
3. 남성은 자아를 갖춘 반면 여성은 자아가 없고 대신 남성의 욕구를 은밀하게 보살피는 관계에 속한다고 강요하며 자아와 관계를 분리시킵니다.

가부장제는 아주 오래된 보편적 구조물로 여겨지지만 그 핵심을 들여다보면 굉장히 모순된 제도임을 알 수 있습니다. 실제 관계를 맺지 않고 자아를 성숙시킬 수 있는 남성이 없는 것처럼 자아 없이 관계 맺을 수 있는 여성도 없기 때문이지요. 그러므로 가부장제는 남성과 여성 모두에게 해를 끼칩니다. 남성을 마치 관계가 필요 없거나 관계를 맺지 않는 듯이 행동하게 하고 여성을 마치 자아가 없거나 아예 필요치 않은 듯이 행동하도록 강요하기 때문입니다. '그렇게 세상을 바라보거나 그렇게 말해서는 안 된다'고 지시하기도 합니다.

문화의 한 형태인 가부장제는 남성과 여성이 이 세상에서 어떻게 존재하고 어떻게 행동해야 하는지 정해놓은 일련의 규칙과 가치이며 규정이자 대본입니다. 이런 규칙을 지키지 않으면 심각한 결과를 맞이할 수 있지요. 음흉하게도 가부장제는 인간의 내면에 침투해 우리가 생각하고 느끼는 방식 나아가 우리 자신,

갈망, 우리가 사는 세상, 우리가 맺는 관계를 인식하고 판단하는 방식에 개입합니다. 게다가 문화와 심리가 서로 대립하는 국면을 연출하기도 합니다. 예컨대 어떤 프레임의 경우 의식적으로는 적극 반대하면서도 무의식 차원에선 어느새 용납하고 심지어 그것을 구체화하기도 합니다.

트럼프가 대통령에 선출되고 얼마 지나지 않아 발표된 「못된 여자: 파멸 그리고 상호 인식으로 가는 길」에서 심리학자 트레이시 사이드싱어Tracy Sidesinger는 가부장제의 규범과 가치가 유령처럼 존재한다고 말합니다.

"동등함을 추구하는 태도를 의식적 차원에서 발달시킨다 하더라도 여성은 이러이러해야 한다는, 유령처럼 맴도는 무의식의 활동 무대가 더 심대하다 보니 남성다움과 여성다움이라는 주관적인 가치를 상호 보완 관계로 변형하려는 노력은 우리의 짐작보다 훨씬 더 지난해진다."[5]

우리는 동등함을 신봉합니다. 하지만 남성, 특히 남성 페미니스트마저 자신의 자율성, 지위, 권력이 훼손될 것 같다거나 취약함이 폭로될 것 같다고 여기면 분노하고 수치스러워합니다. 이와 마찬가지로 여성 역시 자신의 욕구를 드러낼 때 죄의식을 느끼면서도 다른 여성이 욕구를 드러내는 모습을 보면 불편해합니다.

그러므로 애덤은 '사실'(그는 자신의 말이 사실이라는 것을 강조하려는 듯 이 말을 반복합니다) 올리와 긴밀한 관계를 유지하고 싶다는 갈망을 따르지 않았지요. 또한 재키는 한동안이긴 했지만 분란을 일으키지 말라는 무언의 압력에 굴복했습니다. 가해자가 자신의 범행을 인정했다는 사실을 발설한다면 그의 인생이 끝장나니 입 다물라는 외압에 순응했고요. 애덤과 재키의 내부와 외부에서 강한 영향을 미친 그 힘은 관계를 무너뜨리는 힘이기도 했습니다. 나아가 사랑을 저버리는 행위를 통해서든 스스로 침묵하는 과정을 통해서든 남성다움을 여성다움보다, 이성애자를 동성애자보다, 남자를 여자보다 더 치켜세우는 가부장제를 유지하는 데 동조하도록 했습니다.

애덤과 재키는 이러한 동조 행위를 통해 분명 이득을 얻었지만 대가 역시 치러야 했습니다. 올리와 친밀한 관계를 계속 유지했다면 애덤은 아마 '동성애자'로 낙인찍히거나 '진짜' 사나이로 평가받지 못했을 것입니다. 남성다움이라는 명예를 얻기 위해 인연까지 단절하며 치러야 했던 대가는 자신이 사랑하는 무엇, 무한한 가치를 가진 무엇을 상실하는 것이었지요. 재키가 자신의 내면에서 들려오는 자아의 목소리에 따라 강간범에 대해 발설했다면 주변 사람들에게 부주의하다고 평가받거나 '남자의 인생을 망치려'고 작정한 이기적인 인간으로 비쳐졌을지 모릅니다. 하지만 재키는 침묵함으로써 마치 '늪에 빠져 죽을 것' 같은 심정으로, '여지껏 스스로 믿어왔던 모든 것의 발등에 칼을 꽂는' 마음으로 살았습니다.

가부장제가 왜 지속되느냐고 묻는 것은, 심리적으로 모순될 뿐더러 해악을 끼치는 문화적 규범과 전제가 왜 그토록 강력하게 정신을 지배하느냐고 묻는 것과 같습니다. 우리는 정말 본질적인 것을 묻습니다. 저항은 어디에 있나요?

본성을 거스르는 제도

냉정하게 말해봅시다. 우리가 가부장제와 씨름하며 격렬하게 논쟁해야 하는 이유를 정치적으로, 나아가 심층심리 차원으로까지 확장해 이해하도록 이끄는 동력은 바로 갈망의 목소리와 경험의 목소리를 더 중요시하겠다는 마음에서 비롯됩니다. 우리는 특권과 권력이 난무하는 현실은 말할 것도 없고 유령과 같은 힘을 다룹니다. 그것은 우리의 의식 밖에서 작동하는 힘입니다. 우리가 의식하지 못하는 새 진행되는 성인 입단식도 다룹니다. 톨스토이가 소설에서 이야기했다시피 나쁜 것을 좋은 것으로, 자연스럽고 선한 것을 수치스러운 것으로 만드는 프레임과 다투는 셈입니다.

가부장제가 지속되는 바탕에는 이를 지원하는 복잡한 사회적·정치적 힘이 있습니다. 어떤 이들은 가부장제의 제도와 경제 질서에서 혜택을 얻으며 그것이 유지될 때 집단적으로 이득을 얻기도 합니다. 그러나 어떠한 정치 이론이나 사회 이론도 심리학에 바탕을 두지 않은 것은 없습니다. 사람들이 무엇을 원하며, 그들을 움직이는 것이 무엇인지를 추정하는 가정들 말입니다.

우리는 이런 질문으로 작업을 시작했습니다. 가부장제가 심리적으로 우리에게 가져다주는 이득이 있는 것 아닐까? 가부장제가 지속되는 이유는 권력을 손에 쥔 이들이 자신이 가진 특권을 내려놓는 걸 끔찍이 싫어하기 때문이기도 하지만 거기서 조금 더 깊이 들여다보면 우리가 도저히 놓을 수 없는 심리적 기능이 있는 것은 아닐까? 위계질서를 위해 사랑을 희생하라고 강요함으로써(아들 이삭을 희생하라는 신의 계시를 마주한 아브라함이 그 예입니다) 가부장제는 사랑이 가진 유약함과 담쌓게 하고 그런 과정을 통해 상실의 고통을 원천봉쇄하는 방어벽으로 자리 잡는 것이죠. 이런 관점으로 보면 우리가 모르는 힘들이 정치를 이끌고 있다고 생각해볼 수도 있습니다. 그렇지 않으면 설명되지 않는 부분이 너무 많으니까요.

이렇게 설명할 수도 있습니다. 동등함을 향해 걸어가는 데 자꾸 제동이 걸린다면 그건 다른 방향으로 이끄는 심리가 작동하기 때문이라는 것이죠. 따라서 가부장제를 해체하려면 지위와 권력은 물론이고 가장 깊은 두려움과 수치스런 갈망에서 우리를 보호해주던 심리적 방어벽에 구멍을 뚫어야 합니다. 이런 관점으로 보아야 폭력과 분노를 이해할 수 있습니다. 폭력과 분노는 남성다움이라는 가면이 흘러내려 그가 가진 사랑을 향한 갈망과 돌봄에 대한 욕구가 만천하에 드러날 때 혹은 여성이 자신의 욕구와 주체성을 거침없이 말하는 다른 여성을 피할 때 종종 불붙습니다.

우리는 가부장제가 인간에게 적합한 구조가 아니라는 증거를 제시하며 논의를 시작하려 합니다. 물론 정반대되는 주장이 있다는 것도 압니다. 그러나 앞으로 펼쳐 보일 내용의 기초를 다질 겸 인간의 본질을 따져보고자 합니다. 인간은 관계를 맺는 존재이며 목소리를 갖고 태어납니다. 따라서 자신의 경험을 이야기할 능력을 갖고 있으며 서로에게 호응하면서 관계 맺으려는 욕구를 지니고 있습니다. 상호 이해에 필요한 능력, 즉 공감, 마음 읽기, 협력 같은 특성이 진화에 중요한 역할을 했으며 종으로서 살아남는 데도 크게 기여했다는 견해는 진화역사학자들 사이에서 점점 더 인정받고 있습니다.[6] 진화론의 관점에서 보면 가부장제는 위협적인 존재입니다. 인류학자 세라 블래퍼 허디Sarah Blaffer Hrdy의 말을 빌리면 "여성의 순결이라는 측면과 부계 혈통의 영속성 및 확장이라는 측면에 초점을 둔 가부장제 이데올로기는 자녀의 안녕을 가장 앞에 두는 그 오랜 우선순위를 약화시킨다"[7]고 볼 수 있지요.

이런 주장에서도 짐작할 수 있듯, 가부장제의 지속 이유를 지위, 부, 권력으로만 설명하는 전통적인 관점은 점점 신뢰를 잃어가는 중입니다. 지배욕이 당연한 욕망이 아니고 관계를 맺으려 하는 인간의 본성과 충돌한다면 왜 굳이 사회적 지위와 권력에 수반되는 우월감 및 부를 얻고자 인간관계에서 누릴 수 있는 즐거움과 이익을 희생하겠습니까? 일단 지배 체계가 반드시 인간의 능력을 무효화하거나 무시하는 것은 아니라는 점을 인정한다면 이 문제는 더욱 복잡해집니다. 실제로 우리가 지닌 관계 맺기 능력(공감, 마음 읽기, 협력)은 위계질서를 능가할 힘을 지닙니다.

역사에는 공포의 심연에서도 사랑 혹은 보편적 인간애를 바탕으로 행동한 사람들의 사례가 넘쳐납니다. 자신의 생명과 가족의 안전이 위태로운 상황에서도 바르샤바 동물원장의 아내 안토니나 자빈스카Antonina Zabinska는 도시 한가운데 자리한 동물원에 300명이 넘는 유대인을 숨겨주었고 그녀의 남편 얀 자빈스키Jan Zabinski는 나치의 눈을 피해 유대인들을 게토에서 탈출시킬 계획을 세웠습니다. 어떻게 그런 일을 할 수 있었는지 묻자 얀은 말했습니다. "영웅주의에서 나온 행동이 아닙니다. 그저 인간으로서 응당 해야 할 일이었습니다."[8]

우리는 유튜브에서 심리학자 에드워드 트로닉Edward Tronick이 실시한 '무표정한 얼굴 실험' 영상을 찾아볼 수 있습니다. 영상은 사람들 사이에서 일어나는 분위기 변화를 유아가 얼마나 신속하게 알아차리고 거기에 반응하는지 보여줍니다. 아기는 상대의 감정을 포착하고 생생하게 반응하지요.[9] 영상은 어머니와 돌 지난 아기가 반응 놀이를 하는 장면으로 시작합니다. 그들은 즐거운 소리를 내고 몸짓으로 감정을 교환합니다. 그러다 트로닉의 지시에 따라 어머니가 무표정한 얼굴을 한 채 아기에게 반응하지 않습니다. 아기는 연대의 끈이 끊어졌다는 사실을 즉시 알아차립니다. 아기는 조금 전 어머니에게서 긍정적인 반응을 이끌어냈던 소리와 몸짓을 반복하며 어머니와 다시 이어지려 노력하지요. 어머니가 아기의 노력을 무시하고 계속 무표정한 얼굴을 하면 아기의 몸과 얼굴에서 기쁨이 사라지는 모습이 확연히 나타납니다. 혼란스러운 상황이 계속되자 아기는 보기에 안쓰러울 만큼 안절부절못합니다. 경쾌했던 목소리가 날카롭고 새된 목소리로 바뀌지요. 어머니가 2분간 유지했던 무표정을 풀고 아기에게 반응하면 우리는 비로소 안도합니다. 어머니가 관계에 생긴 틈을 수습하고 아기와의 관계를 회복한 뒤에야 우리도 가빠졌던 호흡을 가라앉힙니다.

이 짧은 영상을 통해 우리는 관계에 생긴 상처가 아물 수 있다는 희망이 전제되어야 비로소 그 관계에 신뢰가 생김을 알아차립니다. 트로닉과 그의 동료가 보여주었듯이 매 순간 어머니가 선해야 한다거나 분열이 전혀 없는 완벽한 상태여야 관계가 지속될 수 있는 것은 아닙니다. 그보다는 일상생활에서 설령 한동안 불가피하게 만나지 못하더라도 다시 만날 수 있다는 가능성을 깨달으면 됩니다.

무표정한 얼굴 실험 영상이 또한 시사적인 이유는 혼란스러울 때 아기의 얼굴에서 기쁨이 사라지고 목소리가 변하는 것으로 연결 고리의 상실을 알아볼 수 있다는 점입니다. 이것으로 우리는 자세와 목소리의 변화에 주목하며 관계 안팎의 추이를 파악하거나 그에 부응할 수 있다는 사실을 배웁니다. 환하던 아기의 얼굴이 어두워지고 목소리가 달라졌다는 것은 아기가 혼란스러움이 회복되리라는 희망의 끈을 놓아버렸다는 뜻입니다. 우리는 아기가 연결의 끈을 놓아버렸음을 알아봅니다. 관계를 바로 잡을 수 있는 능력이 억압당한다면 혹은 관계에 생긴 흠집을 회복하려는 노력이 무모하거나 수치스러운 일로 간주된다면 언뜻 보기에도 끊어진 관계가 회복되긴 어려울 것 같습니다.

자신의 감정을 전하고 타인의 감정을 이해하고 끊어진 관계를 회복하는 능력은 위계질서를 유지하는 데 위협이 됩니다. 타인의 고통에 공감하고 은근히 연민을 느끼는 행위는 불평등을 유지하고 정당화하는 데 방해가 되기 때문이지요. 구조상 아래에 있는 이들이 서로의 감정을 나누고 위에 있는 이들이 여기에 공감하는 한, 위계질서가 가져오는 어떠한 분열에 직면하더라도 우리는 이를 복원하려 합니다. 타인과 연결되고자 하는 소망, 그들의 감정을 파악하고 나의 감정을 이야기하며 타인의 감정을 이해하는 능력, 즉 관계를 향한 열망과 능력은 인종, 젠더, 계층, 카스트, 종교, 성적 취향 등 그것을 무엇이라 부르든 여러 잣대를 들이대 사람을 우열로 나누고 가촉민과 불가촉민으로 등급 매기는 삶의 질서에 노출될 경우 훼손되고 구속당하고 희생되고 제약받습니다. 권력과 지위로 이루어진 위계질서를 공고하게 다져서 이를 유지하려면 관계를 희생해야 합니다. 또한 이런 희생을 강화하려면 항의는 효율적이지 않다고 몰아붙이고 자생 능력을 갈아엎어야 하지요.

이러한 작동 방식이 가부장제가 지속되는 여러 가지 이유 중 하나입니다.

인간 심리를 장악하다

우리는 세 가지 진실을 발견하고 소스라치게 놀랐습니다. 먼저 가부장제가 지지하는 남성다움과 여성다움, 즉 명예로운 남성과 착한 여성이 되기 위해 갖춰야 한다고 주장하는 가부장제 가치 체계는 심리학자 존 볼비John Bowlby가 상실에 대한 병리적 반응, 즉 정서적인 거리 두기와 강제적 돌봄이라 칭한 것과 일치한다는 점입니다.

두 번째, 우리는 관계에 분열이 생길 경우 이를 치유하고 회복하는 능력을 타고나지만 가부장제는 이 능력에 치명타를 날립니다. 가부장제가 정한 남성다움과 여성다움으로 입문하는 과정에서 남성은 자신의 생각을 감정과 분리해 감정에 대해 생각하지 않게 되고, 여성은 침묵하며 자신이 알고 있는 것을 말하지 않게 됩니다. 대본은 너무 익숙하지요. 아래 대화는 여성스러운 여성, 남성스러운 남성의 소통 방식 말고도 가부장제가 키워온 분열을 보여줍니다.

여자: 우리 관계에 뭔가 문제가 있어요. 지난주에는 만나지도 못했잖아요.

남자: 무슨 말인지 모르겠군.

여자: 만나지 않는 것도 문제지만 당신은 우리 사이에 무슨 일이 일어나는지 관심도 없는 것 같아요.

남자: 당신 입에는 늘 불만이 걸려 있어.

여자: 정말, 내가 말하려는 건 그러니까……,

남자: 이봐. 당신이 하라는 대로 하고 있잖아. 모든 걸 다 당신 말대로 할 수는 없다고.

(침묵)

남자: 원하는 게 있어?

여자: 신경 쓰지 말아요.

가부장제의 젠더 규정을 내면화하지 않으려는 저항 과정이 상실을 경험했을 때의 반응과 동일한 경로를 밟는다는 사실을 깨달으며 세 번째 진실을 발견했습니다. 항의하다가 그 항의가 효과를 발휘하지 못하면 우리는 절망에 빠지고 마침내 관계 맺기에서 멀어지기 시작합니다. 가부장제의 압력에 못 이겨 관계 복원 능력을 포기함과 동시에 거리 두기로 접어든다는 뜻입니다. 거리 두기는 불가피해 보이는 상실에서 우리를 보호하려고 설계된, 관계를 박차고 나오는 방어적 움직임이라고 볼 수도 있겠네요.

우리는 관계의 상실을 강요하고 그 상실을 회복 불능인 양 몰아가는 과정을 통해 가부장제가 지속되는 모습을 목격했습니다. 관계를 회복할 가능성이 사라지면 가부장제를 근절할 본성의 힘, 즉 사랑이 소멸되고 우리는 잽싸게 상실의 고통에서 몸을 빼내 달아나지요. 이런 식으로 사랑이 제물로 바쳐짐으로써 위계질서가 확립되고 그것을 보존할 길 또한 열립니다.

우리의 주장은 이런 역설을 지목합니다. 가부장제 질서 안에서 안전한 자리를 확보하려는 목적으로 '관계'를 맺기 위해 관계를 포기합니다. 이런 의미에서 가부장제는 (아브라함이 신에게 보호받은 것처럼) 남성과 여성이 안전한 상태를 보장받기 위해 지켜야 할 지침인 젠더 규정 및 각본을 장악하고 있으며 그 각본에 맞춰 시시각각 얼굴을 바꿉니다. 그러니까 가부장제는 잃어버린 연결고리의 출발선이었다가 더 깊은 상실에 항거하는 보호막이었다가 트라우마의 원천이었다가 트라우마에 대항하는 방어책이 됩니다. 이런 역설은 이성적으로는 앞뒤가 맞지 않지만 심리적 차원에서는 일리 있는 현상입니다. 말하자면 이런 것이죠. 정의상 몸에 나쁜 심리적인 질병도 심리학에서 보면 이점이 있기 때문에 정신분석학자들은 이를 '이득'이라 명합니다. 이런 언어를 통해 우리는 가부장제가 지속되는 여러 이유 중 하나를 볼 수 있습니다. 즉 가부장제는 관계란 어차피 틀어지고 회복할 수 없는 것이라 단정 지으며 그 관계를 희생양 삼지요. 달리 말하면 심리적으로 상처 입혀서 심리적 '이득'을 얻는 셈입니다. 따라서 피할 수 없고 참을 수 없다고 여겨질 상실에 취약해지지 않으려고 우리는 정말 원하는 것, 즉 사랑을 처음부터 회피합니다.

이득의 언어를 통해 우리는 가부장제의 심리적인 동인과 외부에서 작동하는 외적 동인 사이를 이해할 수 있습니다. 외적 동인은 일반적인 토론거리가 될 정도로 비교적 선명합니다. 일부 사람들에게는 가부장제가 부여하는 시회적·경제적 이득을 의미하지요. 그들은 당연히 그 이득을 포기하려 하지 않습니다. 정신분석학자들은 1차 이득이라 불리는 내적 혜택(예컨대 불안의 감소 같은, 1차적으로 증상의 변화를 이끌어내는 것)과 2차 이득이라 불리는 외적 혜택(예컨대 병든 사람이 받는 관심과 주목)을 구분합니다. 프로이트는 이 두 가지를 비교하며 이렇게 썼습니다.

> 문명화된 사회에서 질병은 직업에서나 타인들과의 경쟁에서 자신의 무능함을 얼버무리는 장막으로 활용된다. 가정 안에서 질병은 다른 가족의 희생을 요구하는 증거, 그들의 사랑을 증명하는 왜곡된 증거로 혹은 자신의 의지를 다른 가족에게 강요하려는 수단으로 작동할 수 있다. 이 모든 것이 표면 가까이에 있다. 우리는 '질병에서 얻는 이득'이라는 관점에서 이것을 판단한다. (……) 그러나 계속 병을 앓기 위한 동기가 더 깊이 숨어 있는 경우에는 이를 쉽게 다룰 수 없다. 심리학으로 천착해 들어가지 않으면 이해할 수 없는 영역이다.[10]

질병의 경우처럼 가부장제가 지속되는 이유는 사실 표면 가까이에 있습니다. 상위 계층에 속한 이들에게 권력과 지위를 가져다준다는 게 가장 명백한 이유지요. 가부장제에 관한 대다수 이론은 단지 이런 2차(외적) 이득에 초점을 맞추고 있습니다. 그러나 프로이트가 병리학으로 연결되는 심층 무의식이 있다고 주장했듯 가부장제를 "고수하기 위한 다른 동기가 훨씬 더 깊이 내

재해 있다"는 사실을 알 수 있습니다. 그 동기는 "심리학 이론으로 들어가지 않고선 이해할 수 없"습니다.

우리는 이런 통찰로 우리를 안내한 여정을 재조명할 것입니다. 서로 이야기를 나누며 상호 연관성을 찾아가는 과정이 우리를 중요한 발견으로 이끌었습니다. 나오미가 상실과 관련된 자신의 경험을 이야기하지 않았더라면 우리는 캐럴이 시작한 소녀들의 성장 연구를 상실과 애착에 관한 볼비의 연구와 연결하지 못했을 겁니다. '가부장제가 사랑을 배신하도록 유도한 후 거기서 생기는 상실을 회복 불가능하다고 주장함으로써 지속적으로 자기 자신을 복제한다'는 논제를 발전시킬 수 있었던 이유는 바로 이 두 이론이 결합한 덕분이었습니다. 캐럴에게 다른 목소리를 듣는 귀와 저항을 볼 수 있는 눈이 없었더라면 우리는 가부장제의 질서를 영속화하는 작동기제와 그것의 영속성에 대항하는 힘을 정확하게 볼 수 없었을 겁니다.

우리는 2016년에 있었던 선거의 충격적인 결과에 화들짝 놀라 이 책을 써야겠다고 결심했습니다. 물론 별다른 생각 없이 우리를 행동하게 하는 힘이 무엇인지, 달리 말해 가부장제를 추동하는 심리가 무엇인지를 이해한다면 운명으로 보일 수 있는 곳에 눈 감은 채 걸어 들어가는 오이디푸스가 될 상황은 피할 수 있으리라는 희망도 이 책을 쓰게 한 크나큰 동력입니다.

PART

1

가부장제는 이렇게 작동한다

가부장제가 당연한 것이 아니며 피할 수 없거나
변화할 수 없는 것 또한 아니라는 사실을 아는 것만으로도
이런 질문이 가능해집니다.
그렇다면 가부장제는 왜 지속되는가?
사랑이 가부장제와 결별하는 길임에도
우리는 왜 사랑을 외면하는가?

여성다움,
남성다움 배우기

✦ 캐럴

출발점은 2002년 '여성 심리와 소녀들의 성장에 관한 하버드 프로젝트'를 정리한 책 『기쁨의 탄생』이었습니다.[1] 정상적인 성장 과정이라고 생각했던 분리(정신과 신체의 분리, 생각과 감정의 분리, 자아와 관계의 분리)가 정확히 말하면 성인기로 입문할 때 나타나는 반응이라고 할 수 있을지 궁금해진 것은 그 나이로 진입하는 소녀들의 경험을 듣고 나서였습니다. 소녀들의 이야기를 듣다가 그들이 외부에서 오는 힘과 겨루는 중이라는 사실을 깨닫자 흩어진 퍼즐 조각이 맞춰지는 느낌을 받았습니다. 분리는 성인기로의 입문으로 보아야 합니다.

일부 소녀는 자신의 목소리를 가져야 할지 관계를 맺어야 할지 선택해야 한다는 중압감을 느끼면서 관계 맺기가 위태로워졌다고 말합니다. 그런 말을 들으며 나는 그들이 경험하는 관계의 상실에 민감해졌습니다. 자기 목소리를 갖는다거나 관계를 맺는 것 같은 일상적인 일들이 갑자기 특별한 선택이 되더군요. 심리적으로 모순될뿐더러 나쁜 거래임에 틀림없는 선택에 저항하는 모습을 보니 이렇게 묻지 않을 수 없었습니다. 왜 이런 선택을 내려야 하는가? 누구를 위한 선택인가?

고등학생인 아이리스는 이런 상황을 아주 명쾌하게 표현하더군요. "내 감정과 생각을 솔직하게 털어놓는다면 아마 아무도 나와 함께 있으려 하지 않을 겁니다. 내 목소리가 너무 클 테니까요. 하지만 관계를 맺어야만 하잖아요." 무언가가 관계 맺기, 자신 또는 타인과 연결되기를 포기하도록 강요하고 있었습니다. 그것은 '관계'를 맺기 위한 대가이지요. 그 '관계'는 겉으론 연결된 듯 보이지만 진짜 관계를 맺을 가능성은 차단한 채 자아를 인정하지 않도록 강요합니다. 이미 짜인 방식으로의 관계 맺기이지요. 다소 뻔한 질문을 던졌습니다. "하지만 네가 느끼고 생각하는 바를 말하지 않는다면 이 관계에서 너는 어디 있지?" 아이리스의 얼굴이 어두워지는 것을 보면서 그녀 또한 이 역설을 알고 있다는 확신이 들더군요.[2] 어느 쪽이든 그녀는 관계를 잃을 테지요. 자신의 감정과 생각을 말함으로써 사람들과 멀어지거나 말하지 않음으로써 자기 자신이 아닌 다른 누군가가 되거나 둘 중 하나일 테니 말입니다. 딱 봐도 관계를 잃을 수밖에 없었습니다. 그래서 위기였지요.

아이리스는 고등학교 졸업생 대표였고 명문 대학에 합격했습니다. 모든 사람에게 축하받았지만 그녀는 자신이 거래했다는 사실이 슬펐습니다. 아이리스의 눈에 이것은 '관계'를 맺고 출세하기 위해 치러야 할 대가였습니다.

그래서 아이리스는 '관계'를 위해 관계를 포기합니다. 관계와 '관계', 연결되는 것과 겉으로만 연결되는 것 사이를 구분해 강조하는 게 중요합니다. 적응하기 위해, 문화적으로 승인받기 위해, 사회적으로 보상받기 위해 관계를 희생해야 한다는 점을 강조하는 것 또한 중요하지요. 그러나 아이리스는 이 모든 과정을 상실로 받아들입니다.

소녀들과 진행한 연구를 통해 '소년들 역시 이런 비슷한 위기를 경험하는가', '이 위기는 초기 성장 과정에서 일어나는가'라는 두 가지 질문을 제기할 수 있었습니다. 두 번째 질문은 1세기가 넘는 기간 동안 연구 주제가 되어왔습니다. 소녀들은 사춘기에 접어들면서 심리적 고민이 갑자기 고조되는 특징을 보입니다. 반면 소년들에게는 이와 유사한 위기가 대략 네 살에서 일곱 살 사이, 아동기 초기에서 중반 사이에 발생합니다.[3] 관계를 회복하는 능력이 위협받는 시기를 비교하는 데 오늘날까지도 젠더 차이가 두드러진다는 사실은 가부장제가 지속된다는 점을 입증하는 증거입니다. 젠더 이분법과 위계질서를 기반으로 예측해볼 때 삶의 질서가 소년과 소녀에게 각기 다른 방식으로 영향을 미친다는 의미지요.

한 연구에서 주디 추Judy Chu는 네 살에서 다섯 살 사이의 소년들이 관계의 변화를 얼마나 빨리 알아차리는지 기록합니다.[4] 소년들의 정서적인 민감성과 지능은 그들이 타인에게 진심으로 명확한 관심을 보일 때 드러납니다. 처음부터 소년들은 관계 맺기에 탁월한 능력을 보입니다.

어느 날 주디 추는 구석에서 조용히 놀고 있는 소년 세 명에게 가까이 다가가 질문했습니다. 소년에 대해 알고 싶다고 말하자 그중 제이크라는 소년이 묻습니다. "정확하게 무엇을 알고 싶으신가요?" 주디 추는 소년이 된다는 것이 무엇인지 알고 싶다고 말합니다. 그러자 제이크가 마이크에게 슬쩍 물어봅니다. 마이크는 "우리가 저 선생님을 믿을 수 있다고 생각해?"라고 되묻습니다. 주디 추는 책에서 이렇게 씁니다. "제이크는 나를 한번 힐끗 쳐다보고는 다시 마이크를 보더니 미소 지으며 그렇지 않다는 뜻으로 천천히 고개를 가로저었다." 그들이 왜 그녀를 신뢰해야만 하나요? 그들은 그녀가 누군지 알지도 못하는데 말이죠.

다른 날입니다. 이번에는 주디 추가 소년들의 관심을 끌었나 봅니다. 소년 중 한 명이 그녀가 손에 들고 있는 소형 녹음기를 가리키며 질문합니다. "왜 그걸 갖고 있나요?" 주디 추는 소년들에게 설명합니다. 그녀는 이렇게 씁니다.

친구가 계속 찜찜해하는 것을 눈치채고 댄은 상황을 해결하려 한다. 나에게 걸어와 집에서 가져온 흰 레이스 숄을 머리 위에 덮어 씌우더니 "선생님이 여기 없는 걸로 할게요"라고 말했다.[5]

주디 추는 유치원에 들어가기 전부터 시작해 초등학교 1학년이 될 때까지 아이들을 지속적으로 관찰하며 이 남자아이들이 서로에게나 그녀에게 점점 더 무관심해지고, 진정성을 잃어가면서 모호한 자세를 취하는 변천 과정을 목격합니다. 그들은 '소년'이 되어가고 있었지요. 소년이라면 그러할 것이라는 말 그대로 말입니다.

2014년에 출간한 책 『4~6세, 아들 성장 보고서』에서 주디 추는 소년들이 우월성을 주장하고, 거절당하지 않기 위해 공감 능력을 억누르고, 취약함을 숨기며 남성다움의 규정을 배우는 입문 과정을 연대기별로 기록합니다. 아이들은 공식적으로 교육받지 않아도 마치 유령 같은 실체에 이끌리듯 남성다움을 배우고 내면화했습니다. 주디 추가 연구한 소년들은 젠더 이분법과 가부장제의 위계질서 안에서 자신의 역할을 기막히게 잘 수행하고 있었던 것이죠. 그 질서 안에서 남성다움은 여성다움과 정반대되는 개념이고 소년이 된다는 것은 여자아이 같지 않다는 것을 의미합니다. 소년은 우월성, 특권과 권력으로 연결됩니다.

주디 추는 연구에서 일부 소년들이 관계에 충실히 참여하는 자세, 가령 배려, 진정성, 정확성, 직접성 같은 태도를 관계에 참여하는 척하는 방식으로 대체하는 과정을 포착합니다. 그것은 소년의 일원이 되는 대가인 셈입니다. 소년 집단의 일원이 되겠다는 소망 때문에 소년들은 진짜 관계를 맺고 싶다는 열망을 은폐하고 본래부터 가지고 있던 감수성을 묻어둠으로써 관계를 희생하고 '관계'를 얻으려 합니다.[6]

사실 그들은 아이리스와 동일한 난관에 부딪힙니다. 만약 그들이 자신의 감정과 생각을 낱낱이 밝히고 민감성과 취약성을 드러낸다면 다른 소년들은 그와 함께 있고 싶어 하지 않을 테지요. 진짜 남자가 아니라고 생각할 테니 말입니다. 소년이 소년의 일원으로 인정받으려면 여자나 동성애자가 아니라는 것을 보여주어야 하고 자신의 진면목을 감추어야 합니다. 동시에 다른 소년들과 친밀해지고 싶다는 소망은 영원히 얻지 못할 그 무엇이라고 생각해야 합니다. 어느 쪽이든 상실은 불가피합니다.

그러나 주디 추는 소년들의 반항도 강조합니다. 그녀는 네 살에서 다섯 살 정도 되는 남자아이들이 남성다움의 규정에 얼마나 전략적으로 대응하는지 보여주면서 "대체로 어린 남자아이들은 남들에게 보여주는 것보다 더 많은 것을 알고 있다"는 사실을 우리에게 상기시켜줍니다.[7]

니오베 웨이Niobe Way는 『깊은 비밀: 소년들의 우정 그리고 관계의 위기Deep secret: Boys' Friendships and the Crisis of Connection』에서 '소년들이 나누는 숨은 우정의 풍경'을 드러내기 위해 청소년기 소년들을 대상으로 연구를 진행합니다.[8] 그 과정에서 웨이는 소녀들만이 정서적인 친밀감을 원하고 그것을 성취할 수 있다는 통념에 반기를 듭니다. 웨이가 인용한 소년들의 다양한 증언이 분명하게 보여주듯 주디 추가 네 살에서 다섯 살 사이의 남자아이들에게서 발견했던 관계 맺으려는 욕망과 민감성이 청소년기에 접어들어 만개합니다. 이 시기에는 자신이 경험한 것을 성찰할 능력과 주관성이 갖춰지죠. 고등학교에 막 올라간 다양한 문화 출신 소년들은 자신이 맺고 있는 진한 우정을 설명하기 바쁩니다. 그 친구들은 서로 깊은 비밀을 공유하는 사이입니다. 도시의 한 공립학교에 다니는 열다섯 살 저스틴은 이렇게 말합니다. "우리는 서로 사랑합니다. 음……, 당신도 이렇게 깊디깊은, 그러니까 그런 것이 있겠지요. 당신 내부에……, 때론 두 사람이 정말 서로를 진심으로 이해하고 믿고 존경하고 사랑할 수 있습니다. 그저 일어나는 일이지요. 그게 인간의 본성이니까요."[9]

소년들이 절친한 친구에게 갖는 사랑은 자연스럽고 좋은 감정으로 받아들여집니다. 그러나 웨이의 연구에 등장하는, 고등학교를 졸업할 즈음의 대다수 소년에겐 절친한 친구가 없습니다. 그들은 배신에 관해 이야기하고 비밀을 털어놓을 만큼 서로를 신뢰하지 않으며 친밀해지고 싶다는 욕구를 포기합니다.

페르난도는 세상에서 '더 남자다운 남자가 되는 방법'[10]을 배우고 있다고 설명합니다. 남자가 된다는 것은 자립심을 기르고 감정을 통제하며 독립적이 된다는 뜻이라고 말입니다.

성인으로의 입문 과정은 소년의 경우 학교에 입학할 즈음 시작되고, 소녀의 경우 청소년기 혹은 성인이 된 뒤에 시작되기도 합니다. 여성다움은 가짜 관계(스스로를 침묵시키는 것)와 관련되고 남성다움은 가짜 독립성(관계에 대한 열망과 민감성을 은폐하기)과 관련됩니다. 둘 다 '관계'를 맺기 쉽게 고안되어 있으나 관계 밖으로 자아를 이동시킨다는 점에서 동전의 양면과 같습니다. 이것은 관계의 상실을 뜻합니다. 누군가를 영원히 만날 수 없다는 물리적인 상실이 아니라 친밀감과 연대감의 상실을 의미하는 것이지요. 유튜브 동영상에서 본 아기의 경우처럼 관계의 상실은 즐거움을 잃고 목소리에 변화가 생기는 것으로 드러납니다. 임상 환경에서나 일상생활에서 어린아이들을 관찰하면 그 사실을 확인할 수 있습니다.

이것은 오래된 패턴입니다. 사실 하도 오래돼서 신화까지 있지요. 바로 비극적인 오이디푸스 신화입니다. 하지만 오랜 시간 동안 여러 문화를 거치며 전해 내려온 신화는 비극에 이르는 길을 보여준다기보다는 이런 패턴에서 빠져나오는 방법을 알려줍니다. 그것은 저항의 길입니다. 아버지와 어머니, 아들로 연결된 오이디푸스 삼각형 대신 프시케, 에로스, 아프로디테로 연결되는 대열, 즉 딸, 그녀가 사랑하는 남성, 그 남성의 어머니가 만나는 구도에 주목합니다.[11] 드라마의 주인공을 재구성하면 대안으로 가는 길이 열립니다. 처음에 프시케는 하나의 대상으로 취급당한다는 사실에 항의하고 가짜 관계에 저항하지요. 이야기가 후반에 이르면 에로스가 관계를 잃어버린 데 항의하고 가짜 독립에 저항합니다.

이런 고대 신화는 사실 우리가 가부장제 안으로 들어갔다가 다시 그 안에서 빠져나오는 길을 이미 알고 있다고 말합니다. 오이디푸스 이야기를 재해석할 때 혹은 정신분석학자들이 그러하듯 정상적인 성장의 초석 자리에 오이디푸스 이야기를 들이밀 때 오이디푸스 신화의 뿌리에 트라우마가 있다는 사실을 자꾸 망각합니다.

왕 라이오스는 어린 소년을 성폭행합니다. 그 후 그는 장차 아들이 태어나면 그 아들이 아비를 죽이고 어미와 결혼할 것이라는 아폴론 신탁을 듣습니다. 그리고 라이오스의 아들 오이디푸스가 태어나면서 비극으로 치닫는 일련의 사건들이 시작됩니다. 자신을 지키기 위해 아들을 없애려는 아버지, 자식을 상처 입히고 유기하는 데 공모하는 어머니. 멋모르고 운명 안으로 걸어 들어가 아버지를 죽이고 어머니와 동침한 후 마침내 결혼하는 오이디푸스. 도시를 휩쓰는 역병, 딸들을 불러 모아 자신의 눈을 찌르는 데 동참시키면서 말 그대로 눈이 머는 오이디푸스.

오이디푸스의 어머니 이오카스테는 끝까지 입을 다뭅니다.[12] 합창단은 노래합니다. "어째서 라이오스가 얻은 저 왕비는 (……) 그런 일이 일어나는데도 침묵할 수 있을까." 오이디푸스에게 일어난 일의 전말이 드러나자 이오카스테는 "신의 사랑으로 우리가 더 이상 의혹에 빠지지 않게 해주시길" 간청합니다. 그리고 스스로 목을 매 죽습니다.[13]

오이디푸스는 트라우마와 상실, 학대와 폭력, 맹목성과 침묵의 이야기입니다. 이것은 가부장제가 품고 있는 비극의 신화판입니다. 프로이트를 비롯한 여러 사람이 시도했듯이 이 신화를 인간의 상황에 맞게 재편하려다 보니 트라우마에서 이야기가 시작되었다는 점을 잊어버린 채 오이디푸스라는 이름만 계속 끌어들입니다. 그렇게 되면 살인과 근친상간을 학대 및 유기 이후 발생하는 충동으로 보지 않고 자연스런 충동으로 여기는 위험이 따릅니다. 그것은 남성의 폭력과 여성의 침묵을 본성으로 잘못 치환하는 위험과 같지요.

청소년기 소녀 프시케는 오이디푸스와 달리 운명의 수레바퀴에 끌려들어 가지 않겠다고 다짐합니다. 그녀는 에로스의 이상화된 어머니를 복제한 '새로운 아프로디테'가 되기를 거부합니다. 그녀는 에로스를 보아서도 안 되고 그들의 사랑을 발설해서도 안 된다는 금기를 깹니다. 또한 그들의 관계를 단단히 숨기고 에로스의 취약성을 못 본 척 침묵으로 일관하라는 요구도 거부합니다. 공적 페르소나인 에로스는 환한 대낮엔 화살을 쏘는 장난꾸러기 소년이지만 프시케와 함께 머무는 어둠 속에서는 그녀를 부드럽게 대하는 연인입니다. 프시케는 에로스가 정한 금기를 깨고 자기가 직접 그를 보겠다고 작정합니다. 자매들의 말과 달리 자신이 괴물을 사랑하는 것이 아님을 램프 불빛 아래서 확인하지요. 그녀는 어둠과 침묵 속에서 자신이 짐작했던 바를 목격합니다. 사랑을 조건으로 자신을 보지 못하게 하고 침묵을 강요했던 연인 에로스는 상처받기 쉬운 젊은 남자였던 것이지요.

우리는 이제 핵심을 볼 수 있습니다. 젊은 여성이 자신이 아는 것을 말하지도 보지도 못하게 금지하는 세력에 저항한다면, 젊은 청년 역시 자신의 사랑을 더 이상 숨기지 않는다면 에로스 신화에서처럼 비극으로 치달은 이야기가 저항과 투쟁의 여정으로 바뀝니다. 프시케와 에로스가 그러했듯이 동등한 관계로 결혼해 플레저(기쁨)를 낳는 것으로 결말 맺을 수 있습니다. 즉 새로운 이야기가 시작되는 것입니다.

가부장제가 당연한 것이 아니며 피할 수 없거나 변화할 수 없는 것 또한 아니라는 사실을 아는 것만으로도 이런 질문이 가능해집니다. 그렇다면 가부장제는 왜 지속되는가? 사랑이 가부장제와 결별하는 길임에도 우리는 왜 사랑을 외면하는가?

감옥과도 같은 안식처

◆ **나오미**

2014년 가을, 법학 석사 학위를 따기 위해 뉴욕대학교에 진학했습니다. 이름에 이끌려 캐럴과 데이비드 리처즈 교수가 진행하는 '부당함에 맞서기' 세미나에 등록했지요. 한 주 동안 『기쁨의 탄생』을 강독하며 나는 책에 나온 두 가지 목소리에 충격받았습니다. 자기 목소리를 갖는 것과 관계를 맺는 것 사이에서 양자택일해야 하는 청소년기 소녀들의 목소리가 하나였고, 어떻게 하면 감정적으로 예민한 아들에게 좋은 아빠가 될 수 있는지 고민하는 아버지의 목소리가 두 번째였습니다. 아들은 "남자는 유약해 보일 때 위기에 빠진다"는 아버지의 말이 지배적인 사회에서 성장합니다.[1]

내 귀에 쏙 들어온 목소리는 캐럴이 이미 언급했던 아이리스의 목소리였습니다. 아이리스는 "내 감정과 생각을 솔직하게 털어놓는다면 아마 아무도 나와 함께 있으려 하지 않을 겁니다. 내 목소리가 너무 클 테니까요"라고 말했지요. 그 말은 내가 심리치료를 받는 진료실 안에서나 들을 법한 말이었습니다.

캐럴의 책을 읽으며 내 생각은 계속 1990년 12월 25일로, 내 다섯 번째 생일을 5일 앞둔 그날의 아버지에게로, 아버지가 돌아가신 바로 그날로 돌아가고 있었습니다. 새로운 인형의 집과 핑크색 펠트 파자마 등 선물이 가득했던 그날, 내 생애 첫 상실을 맞이했습니다. 그날에 대해선 지난 20년간 한 번도 말하지 않았습니다. 하지만 누군가가 귀 기울여 잘 들었더라면 내 모든 잘못된 행위, 분노와 자기의심이 표출되던 매 순간, 자기부정과 자기처벌, 자기혐오에서 비롯된 모든 행동을 통해 상실감이 절규하고 있었음을 포착했을 테지요. 그날 이후 이런 여러 가지 현상이 계속 되풀이되었으니까요. 나 자신을 숨기고 바꾸려고 필사적으로 노력하던 내 내면에는 수치스러운 비밀이 도사리고 있었습니다.

죽음은 공정함과 논리를 거부하지요. 죽음은 가치, 부, 나이, 성, 믿음, 신분제도와 무관하게 무작위로 희생자를 고릅니다. 죽음은 사랑과 삶, 상실을 통제할 수 있으리라는 우리의 믿음을 무참하게 짓밟습니다. 다섯 살에 나는 인간의 유약함이 주는 이런 교훈을 받아들이지 않았습니다. 아버지의 죽음에는 틀림없이 이유가 있어, 분명히 누군가가 잘못한 거야(그게 나일 수도), 아버지를 되돌아오게 할 방법이 있을 거야, 이렇게 생각했습니다. 내가 침묵을 지킨다면 아버지가 돌아올 수 있으리라고 필사적으로 믿으면서 아버지에 관해 이야기하고 싶은 욕구를 억눌렀습니다. 내 목소리에는 아버지의 죽음을 기정사실화할 힘이 있고, 내 침묵에는 아버지의 죽음을 되돌릴 힘이 숨어 있다고 굳게 믿었던 겁니다. 이런 어린아이다운 발상은 차츰 희미해져 갔지만 어떤 대가를 치르더라도 더 이상의 상실은 피해야 한다는 결의가 그 자리를 대신 차지했습니다. 또한 아버지가 영영 사라졌다는 인식이 두 배로 강해졌습니다. 나는 억압, 통제, 타협, 타인에 대한 끊임없는 검열, 자기적응, 그 무엇에도 그 누구에게도 헌신하지 않기, 항상 숨고 항상 남의 기분 맞추기 같은 전략을 사용했습니다. 나 자신을 분열시키기도 했습니다. 예컨대 나만의 고유한 생각과 감정, 욕구를 관계에서 도려내고 관계를 포기했습니다. 나는 상실을 미리 피했던 겁니다.

한쪽 부모가 돌아가신 후 남은 부모마저 잃을지도 모른다는 두려움은 안간힘을 써서 견뎌야 하는, 숨 막히도록 힘든 일종의 고문입니다. 친구 집에 가서도 잠들지 못하던 여러 밤이 생각납니다. 내가 없을 때 가족에게 끔찍한 일이 일어날지도 모른다는 두려움에 잠을 잘 수 없었던 겁니다.

슈퍼마켓에서 장을 보다가 그곳이 눈 깜짝할 사이에 생생한 악몽으로 바뀐 때가 기억납니다. 좋아하던 물건에 정신이 팔려

잠시 어머니를 등지고 있었지요. 그러다 뒤돌아보았는데 갑자기 어머니가 사라진 겁니다. 그 큰 마트에서 길을 잃고 어머니를 찾아다녔습니다. 미친 듯이 헤매고 다니던 그 순간에도 어머니를 놓친 내 눈을 질책했습니다. 왜냐하면 나는 잘 알았거든요. 사랑하는 사람이 작별 인사를 할 틈도 없이 순식간에 사라질 수 있다는 것을요. 관계가 좋을 때도 있고 나쁠 때도 있으며, 가까이 있을 때도 있고 멀리 떨어져 있을 때도 있지만 언제라도 사랑하는 사람을 영원히 잃어버릴 수 있습니다. 멀리 가버릴 수 있다는 위험을 알기에 안정된 관계를 확보하려면 친밀해져선 안 된다는 사실도 알았지요. 아무것도 잃지 않는 유일한 방법은 아무것도 갖지 않는 것뿐이라는 논리 말입니다.

무슨 수를 써서라도 상실을 피하고자 하는 필사적인 욕망은 두려움 속에서 무럭무럭 자랍니다. 내가 가진 '위험'한 생각 혹은 감정 때문에 누군가 상처받거나 갈등이 생기거나 아무도 나를 곁에 두려 하지 않을지도 모른다는 예감이 고개를 치켜드는 순간 우리는 두려움에 압도됩니다. 상실의 공포가 살아나면 그 자리를 피해야겠다는 생각, 복화술사의 인형처럼 내가 하고 싶은 말이 아니라 다른 이들이 듣고 싶어 할 만한 말을 해야 한다는 생각이 밀려듭니다.

이렇게 타협하고 나면 이번에는 슬픔이 찾아옵니다. 스스로 침묵해 갈등을 피하고자 하는 그 방법에 비극적 아이러니가 내재되어 있다는 생각이 드니까요. 관계의 상실을 피하려고 관계에서 자신을 제거하지만 결국 내가 놓치고 싶지 않은 바로 그것을 내 손으로 폐기하고 있다는 비극 말입니다.

결국 나는 빈 껍질만 손에 쥔 채 남겨집니다. 이 순간을 되돌아보면 어떤 이미지가 떠오르지요. 손바닥에 아름답기 그지없는 나비가 있습니다. 섬세하면서도 화려한 나비의 날갯짓을 보며 벅찬 행복을 느끼지만 두려움도 엄습합니다. 나비는 언제라도 날아갈 수 있으니까요. 급한 마음에 주먹을 꽉 쥡니다. 나비를 날아가지 못하게 하려면 잃고 싶지 않은 바로 그것을 파괴해야만 합니다.

어린 나이에 나는 사람들을 내 곁에 머물게 하는 유일한 방법은 그들의 그림자가 되어 그들 뒤를 따르고 그들의 생각과 감정을 그대로 반복하는 것뿐이라는 사실을 깨달았습니다. 나는 좋은 거울이 되어, 갈등이 없는 '완벽한' 관계를 맺으며 관계 안에서 나를 지워갔습니다. 나의 일부가 관계 밖에서 안을 들여다보며 행동을 조정했지요. 그러다 보니 나의 일부는 친밀감에서 오는 기쁨을 누리지 않았으며 그것을 잃었을 때 찾아오는 고통과도 무관했습니다. 나와 내가 맺은 관계 사이에 벽을 하나 세워놓고 그 관계가 이별을 예고할 뭔가로 성장하기 전에 미리 모든 관계를 차단한 채 벽 반대편으로 대피해 있었습니다. 사람들을 떠나지 못하게 하려고 벽을 세웠지만 바로 그 벽이 그들을 들어오지 못하게 막더군요.

어린 시절 고통과 상실을 온몸으로 견디며 학교에 다닐 때 그

방면의 언어에 능숙해졌습니다. 상실과 고통의 언어가 어떻게 움직이고 우회하는지, 그것이 휘두르는 칼날에 어떤 상처가 남는지 이해할 수 있었습니다. 상실을 피해 도망가는 이들의 발자국을 추적할 수도 있었지요.

『기쁨의 탄생』에서 사춘기에 막 접어든 소녀들의 이야기를 읽으며 나는 그들이 무엇을 상실하는지 알아챘습니다. 소녀들은 자신의 솔직한 목소리, 자신의 욕구를 드러내는 주체적인 목소리를 누군가가 "어리석고", "유난스럽다"고 말하는 것을 들으며 점점 속마음을 감추게 됩니다. 관계를 맺기 위해 자신의 존재를 숨기는 것이죠. 이런 자신의 행동을 스스로 조롱하는 소녀들의 고백을 듣고 있으면 내 머리 안에 살고 있는 목소리, 나를 억누르고 나를 보호하는 자의 목소리, 더 많은 상실에서 나를 지킬 요량으로 스스로를 침묵시키고 숨기는 목소리를 듣습니다. 이 이성의 목소리는 안 보이고 안 들리는 것이 더 안전하며 내가 진실이라 믿는 이야기보다는 그들이 듣고자 하는 이야기를 하는 것이 더 안전하다는 사실을 일깨워줍니다.

자신의 목소리를 내지 않겠다는 아이리스의 결심에서 아버지의 죽음 앞에서 내가 보였던 반응, 더 이상의 상실을 막겠다고 나의 솔직한 감정과 욕구를 관계에서 제거해버린 내 결단의 흔적을 봅니다. 아들에게 감정을 드러내지 말라고 부추기는 아버지들의 목소리에서 나는 버림받지 않는 가장 확실한 길은 감정을 숨기는 것이라는 어릴 적 나의 신념이 메아리치는 걸 듣습니다.

『기쁨의 탄생』에서 캐럴이 기록한 목소리는 문화적으로 정해진 여성스러움의 대명사 '자아 없음selflessness'[i]과 남성스러움의 대명사 '거리 두기detachment'로 나아가는 시간별 여행을 전하고 있습니다. 반면 내 여정은 상실이 없는 곳을 향하고 있었지만 어쨌거나 도착 지점은 같았습니다. 관계라는 영역에 진심으로 닿고자 하는 마음을 자꾸만 밀어내는 것 말입니다. 아버지의 죽음이 남긴 후유증을 감당하던 내가 이처럼 고통스러운 타협을 선택한 이유를 이해하기는 쉬웠습니다. 그러나 평범한 성장 과정을 거치는 어린 소녀나 소년이 관계를 희생시키려 하는 까닭은 무엇일까요? 왜 성장으로 가는 길은 그렇게도 정확히 상실의 트라우마로 집결되는 걸까요?

내가 트라우마에 반응했던 방식과 일부 소년, 소녀가 어른의 세계로 입문할 때 느끼는 압박감과의 관련성을 추적하며 궁금해지기 시작했습니다. 진정한 관계를 맺고 싶다는 간절한 소망과 진정한 관계에서 멀어지도록 압박하는 그 힘은 과연 심리적 차원을 넘어 정치적, 문화적 차원으로까지 확장된 것일까. 심리치료사는 내가 스스로 침묵한 원인이 아버지의 죽음과 연관되어 있으며 늘 내 등 뒤에 버티고 있는 트라우마를 두려워하는 심리에서 비롯됐다는 점을 알아본다면 관계 맺기가 가능해지리라고 충고해주었습니다. 치료사의 말이 맞았습니다. 상실을 피하려고

i 이타성이라 번역되는 이 단어를 문맥에 따라 자아 없음으로도 해석했다.

사랑에서 멀어진 내 여정은 아버지의 죽음으로 설명할 수 있었지요. 그것은 상실과 트라우마를 경험할 때 나타나는 이해할 만하고 있음직한 반응이었습니다.

하지만 치료사가 놓친 게 있었습니다. 이 여정은 문화적으로 잘 짜인 각본, 사회적 보상이었지요. 나 자신과 관계를 격리하는 것, 가짜 '관계'를 안정적으로 확보하기 위해 진정한 관계를 제물로 바치는 것은 마음에 상처가 될지언정 사회적으로는 잘 적응한다는 표시였고, 가부장제가 요구하는 여성다움을 그대로 수행한다는 뜻이었습니다.

캐럴의 연구에 참가한 많은 여성처럼 나도 훌륭하게 사회에 적응했습니다. 법학 학위를 받았고 남자친구가 있었으며 인권 관련 경력도 쌓아가고 있었지요. 한마디로 순탄한 인생을 살아가고 있었습니다. 이런 자기은폐는 사회적으로 칭찬받는 일이었습니다. 관계 속에서 내 생각과 감정, 욕구, 간절함을 드러내지 못한 이유는 상실이라는 심리적 트라우마에 걸려 꼬꾸라졌기 때문만은 아니었습니다. 오히려 소위 '관계'를 위한다는 명목으로 자아를 희생해야 칭찬받는 문화와 사회에서 그 이유를 찾아야 합니다. 내가 그러했듯, 수많은 소년과 소녀, 남성과 여성이 관계에서 자신을 분리해내는 이유를 이해하려면 문화적으로나 심리적으로도 잘 맞아떨어지는 설명이 필요하다는 생각이 불현듯 들더군요. 우리는 상실의 심리와 가부장제의 정치학이 서로 연관되어 있다는 점을 이해해야 합니다.

아버지의 죽음을 겪으며 더 이상 상실이 일어나지 않도록 아예 사랑을 멀리해야겠다고 결심한 그 심리는 가부장제를 유지하기 위해 관계의 희생을 강요하는 문화의 심리적인 역학을 보여주는 현장이 아닐까 의심하게 되었지요. 가부장제에 심리적인 기능이 있지 않을까 생각한 건 이런 개인적 상실(아버지, 가부장의 상실)을 통해서였습니다. 사랑과 친밀성의 그림자 안에는 상실의 가능성이 몸을 숨긴 채 우리를 위협하고 있습니다. 상실을 겪을 수밖에 없어서 혹은 참을 수 없어서 애초부터 사랑을 두려워하고 피한다면 가부장제는 일종의 도피처인 셈이지요. 사랑에서 멀어지는 여정은 안전한 곳으로 가는 여행과 같을 테니까요.

저항의 목소리가 사라지는 과정

◆ 캐럴

나는 열한 살 소녀들과 함께 학교 체육관에 서 있던 기억을 떠올렸습니다. 6월이었지요. 나는 아이들에게 건강한 저항을 알려주고 용기를 강화해주기 위해 마련된 프로그램에 참여해 소녀들을 지도하고 있었습니다. 인기 있는 테드 선생님이 체육관 안으로 들어오자 스피드스케이팅 수상자인 세라는 화가 난 목소리로 크게 말하더군요. 선생님이 자신과 수업하지 않고 그 주간 내내 남자아이들과만 수업했다고 말입니다. 배에서 바로 터져 나오는 듯한 목소리에는 기상나팔 같은 호방함이 묻어 있었습니다. 세라의 목소리가 온몸을 훑고 지나가며 일으킨 전율이 기억나네요. 본능처럼 마르셀 프루스트가 체험했을 법한 깨달음이 뒤따랐습니다. 나 이 목소리 알아. 저건 내 목소리야.

분명 알지만 잊고 있었던 목소리. 한때 익숙했기에 더 놀라운 목소리. 따끈한 차에 살짝 적신 마들렌 맛처럼 그 목소리는 방대한 기억의 문을 열었습니다.

오래전 동료와 나는 아홉 살에서 열한 살까지의 소녀들과 함께 글쓰기 발표 동아리를 꾸렸습니다. 그 시간에 나는 내 실존의 심장부에서 올라오는, 다시 생각하거나 검열 과정을 거치지 않은 채 실시간으로 떠오르는 생각과 느낌을 생생하게 전달하는 내 목소리를 경험했습니다. 그 목소리는 자유로움, 지금 여기 관계 속에 있음을 실감하게 해주었습니다. 그런 것이 어떤 느낌인지 알게 해주었지요. 나 자신 그리고 타인과 더불어 있는 느낌. 너무나 경쾌하고 즐거웠습니다. 스피드스케이팅처럼 말이죠.

아무 이유 없이 관계를 희생시키지는 않습니다. 아브라함은 자신이 신을 그 무엇보다 높이 받든다는 것을 보여주기 위해 아들 이삭을 희생합니다. 아가멤논은 딸 이피게네이아를 희생 제물로 바치며 그리스 군대를 트로이로 데려갈 바람이 불기를 바랍니다. 사랑을 혹은 그 무언가를 희생함으로써 얻는 게 있습니다. 명예를 회복하거나 신에게 헌신을 증명해 보입니다.

사랑의 희생, 사랑의 포기는 가부장제가 태어날 때부터 갖고 있는 특징입니다. 그것은 위계질서를 세우고 유지하도록 길을 닦습니다. 가부장제는 다른 남성보다 일부 남성(동성애자보다 이성애자, 가난한 사람보다 부자, 흑인보다 백인, 아들보다 아버지, 저 종교보다 이 종교, 다른 그 어떤 것보다 이 신분제도)이 더 큰 특혜를 받으며 사는 질서이자 모든 남성이 여성보다 더 큰 혜택을 받는 구조입니다. 가부장제 정치학은 지배의 정치학이지요. 민주적인 관점에서 봤을 때 불평등을 합리화하고 억압으로 보이는 것에 눈감게 하는 정치학입니다. 가령 밑바닥 계층이 납작 엎드리는 것, 아무런 목소리도 내지 못하는 것, 상위 계층이 내리는 처분에 고분고분 따르는 것 같은 상황을 외면하지요. 제도로서의 가부장제와 그것의 가치가 지속되는 원리는 가부장제의 정치적 힘 외에도 심리적 힘의 관점으로 설명할 수 있습니다.

소녀들이 솔직한 목소리를 내지 못하도록 틀어막는 힘에 단순히 굴복하는 것도 아니고, 소년들이 부드러움, 공감 능력, 연약함을 감추라는 압력에 무기력하게 무릎 꿇는 것도 아닙니다. 소녀들이 자신을 타인의 취향에 맞출 때 받는 보상에 그저 혹해서만도 아니고, 소년들이 여성스럽다거나 모성애로 정의되는 모든 것(감정을 갖는다거나 타인의 감정을 배려하는 것)을 포기하는 대신 그들이 얻게 될 특권을 거부할 수 없는 것도 아닙니다. 나오미가 지적했듯이 가부장제가 지속되는 이유는 그들이 사랑을 제물로 바침으로써 상실의 고통에서 달아날 피난처를 얻기 때문입니다.

열여섯 살인 실라는 이런 방어 전략을 "영리하다"고 설명합니다. 자신을 보살필 만큼 스스로를 사랑하지 않는다고 말한 후 그녀는 "사실"(내게는 이 말이 소녀들이 자신의 생각과 느낌을 말하다가 '진짜' 자신의 생각과 느낌을 말하기 시작하는 전환의 신호로 들립니다)이라고 말문을 엽니다. 그러니까 실라는 자신의 감정과 생각을 결코 말하지 않는 방식으로 스스로를 방어한다고 설명합니다. 이런 방식을 사용한다면 사람들이 그녀에 대해 뭐라고 말하든 중요하지 않지요. 그들은 그녀가 누구인지 모르기 때문입니다. "영리하지 않나요?"라고 묻길래 나도 동의하며 이렇게 덧붙였습니다. "하지만 네가 원하는 솔직함을 희생해야만 하지." 실라가 관계를 맺을 때 솔직해지고 싶다고 말한 적이 있었거든요.[1]

우리는 사랑에서 도망치는 이유가 누군가의 죽음을 경험한 후의 후유증 때문이라고 생각합니다. 그러나 소위 말하는 정상적인 성장 과정을 겪었음에도 혹은 되돌릴 수 없는 상실이나 트라우마가 없는 상황에서도 아이리스 혹은 실라 같은 소녀들, 주디 추가 만났던 소년들 그리고 니오베 웨이의 연구에 등장한 청소년기 소년들이 한결같이 관계가 주는 즐거움을 기꺼이 포기한 까닭은 무엇일까요? 되돌아보건대 성장 관련 연구는 유아에게 즐거움의 토대가 되어준, 그래서 자발적으로 추구하고 관여하던 관계 놀이를 왜 더 이상 추구하지 않는지 그 이유를 밝히는 데 초점을 두었습니다.

정신분석학자 애덤 필립스Adam Phillips는 이렇게 썼습니다. "우리 내면 어딘가에서는 사랑받는 것을 배신당하는 것과 연관시키고, 배신당하는 것을 성장과 연관시킨다. 그 관련성을 인정할 법도 한데 오히려 우리는 그것을 알지 않으려고 많은 노력을 기울인다."[2] 오이디푸스 신화는 사랑을 배신하는 과정뿐 아니라 사랑에 배신이 뒤따른다는 사실을 알려 하지 않음에 대해서도 이야기합니다. 따라서 이 신화는 우리의 영혼이 가부장제로 유인되는 과정, 부드러움을 금기시하는 남성다움의 내면화, 자신의 목소리를 갖는 것을 금기시하는 여성다움의 내면화를 연이어 설명합니다. 어른으로 입문하는 지점은 교차로이자 성장의 변곡점이기도 합니다. 여기에서 발생하는 사랑에 대한 배반은 사회질서에 진입하기 위해 지불하는 대가로서 인정할 만해 보이기도 하고, 불가피해 보이기도 합니다.

사랑을 배신하도록 강요하는 힘과 맞닥뜨릴 때 건강한 저항이 생긴다는 것이 놀랍긴 하지만 사실 생각해보면 그리 놀라운 일도 아닙니다. 흔히들 가부장제가 지속되는 이유가 그것이 우리가 원하는 것을 보상으로 주기 때문이라고 말합니다. 보상이라 함은 남성의 경우 권력과 특권일 테고, 여성의 경우 『템페스트』의 여신들이 프로스페로의 딸 미란다에게 허용한 '명예와 부, 결혼, 축복'일 테지요.[3] 이는 가부장제를 가부장제답게 설명한 것입니다. 가부장제는 우리가 받고 싶어 하는 것을 우리에게 선물합니다. 물론 우리는 지위와 권력, 물질적인 부, 명예를 위해 관계를 포기하지요. 달리 말하면 가부장제에 기초해 암묵적으로 (사람 위에 권력, 관계 위에 자아 같은) 가치의 위계질서를 구축하고 이를 자명하고 불가피한 것으로 규정하며 가부장제를 설명합니다.

그러나 그날 아침 체육관에 울린 세라의 목소리를 들었다면 자신이 무엇을 희생했는지 깨달을 수 있었을 것입니다. 우렁찬

세라의 목소리를 들은 바로 그 순간 나는 관계 속에 나 자신으로 현존할 때 누릴 수 있는 자유로움과 기쁨을 다시 만끽했습니다. 세상의 모든 부를 다 준다 한들 내가 이것을 포기할 까닭이 있을까요?

관계를 포기하라는 강요에 건강하게 저항하는 건 상실에 저항하는 것과 다름없습니다. 또한 우리가 진실로 사랑하는 것, 관계 속에 현존할 때의 즐거움을 배반하라는 강압에 저항하는 것이기도 합니다. 애덤 필립스는 사랑을 배반하는 걸 성장으로 간주했다는 사실을 상기시킵니다. 즉 우리가 사랑을 배반하는 행위를 이제는 독립해 두 발로 설 수 있는 능력, "내가 할래!"라고 고집부리는 두 살짜리 아이의 자부심과 관련시켜왔다는 것이지요.

그러나 열세 살 주디가 관계의 상실에 저항하는 것은 '마음을 잊어버리는 것'에 저항하는 것이기도 합니다.[4] '여성 심리와 소녀들의 성장에 관한 하버드 프로젝트'에 참여한 주디는 마음을 놓치지 않기 위해 버팁니다. 그녀는 자신의 배를 가리키며 마음에 관해 설명합니다. "마음은 심장, 영혼, 내면에서 우러나오는 진실한 감정과 연결돼 있어요."[5] 주디는 마음과 머리를 분리시키는 데 반기를 듭니다. 왜냐하면 마음이 머리 안에 있고, 자신의 영민함, 지성, 교육과 관련 있다고 여기기 때문이지요. 주디는 신경생물학자 안토니오 다마지오Antonio Damasio[i]가 의식을 연구하며 발견한 사실을 직관적으로 알아차립니다. 다마지오는 우리가 몸과 감정에 경험을 기록해둔 다음 마음 혹은 생각 속에서 떠오르는 상황을 감정으로 변형시켜 끄집어낸다고 설명합니다.[6] 주디도 말한 바 있듯이 몸과 마음을 분리한다면, 달리 말해 지적인 머리에서 구체화된 마음을 따로 떼어낸다면 마음을 잊을 위험에 처합니다. 마음과 영혼으로 알고 있던 것, 우리 내면의 감정, 진실한 감정을 잊게 된다는 뜻이지요. 그것도 지성, 교육의 이름을 빌려서 말입니다. 이성과 감정을 별개로 구분하라고 강요하는 문화, 생각과 느낌을 따로 떼어내라고 등 떠미는 교육에서는 이런 분리를 성장과 연관시킵니다. 주디는 이것을 강간과 진배없다고 느낍니다. "모든 것이 머릿속으로 거칠게 밀고 들어오는 바람에 당신은 결국 마음을 놓치게 됩니다."[7]

마음을 망각하면 우리 자신과 연결된 끈을 잃고, 따라서 관계 맺는 능력도 잃게 됩니다. 니오베 웨이의 연구에 참여한 고등학생 조지는 사랑을 배반하라는 명령에 저항합니다. 그는 성장이 아니라 '미친 짓'에 저항하는 중이지요.[8] 조지는 친한 친구 또는 비밀을 털어놓을 사람이 없다면 미칠 수밖에 없다고 말합니다. 연구를 통해서도 이 말은 사실로 밝혀졌습니다.

이런 건강한 저항의 목소리가 '다른 목소리'입니다. 성장 관련 연구가 이룬 주요한 성과는 이런 '다른' 목소리가 본질적으로 인간다운 목소리이자 생명력이 꿈틀대는 관계에서 나오는 목소리,

i 다마지오는 감정이 없을 때 판단 능력도 없어지는 사례를 통해 감정이 있어야 비로소 이성적 판단이 가능하다는 이론을 증명한 신경과학자이다.

생각과 감정, 마음과 몸, 자아와 관계가 어우러진 목소리라는 것을 인식한 데 있습니다. 그것은 어린아이들의 솔직한 감정과 고유의 시각 안에서 우리가 들을 수 있는 목소리면서 우리 내면에 소장된 목소리입니다. 그러나 목소리가 들리는 방식, 목소리가 응답받고 타인에 의해 되돌아오는 방식을 변경하는 어른으로의 입문 단계에 들어서면 목소리가 다르게 들리기 시작합니다.

정서적으로 합을 맞추며 호응하는 목소리는 '여성스럽게' 들리고 관계, 돌봄과 연결됩니다. 또한 그런 목소리는 타인, 특히 어린이, 노인, 약자를 돌보는 책임을 여성에게 떠안기는 사회에서 사는 여성과도 연결됩니다. 반면 젠더 이분법과 위계질서에 맞는 목소리, 자기주장이 강한 목소리는 독립적이라고 평가받으며 '남성답게' 들립니다. 그것은 사회와 문화 대부분의 영역에서 권력을 독점하는 남성 및 그들의 특권과 연결됩니다. 인간의 목소리가 변질되는 가부장제 우주 질서 안에서는 마치 관계와 자아가 양극단에 놓인 것처럼 보입니다. 그러다 보니 결국 관계와 자아가 상호 의존적이라는 당연한 사실조차 기억하기 어려워집니다.

일단 젠더 이분법이 우리가 판단하고 말하는 방식을 지배하면 이기적인 목소리, 이기적이지 않은 목소리, 이타적인 목소리, 이타적이지 않은 목소리 그 어떤 목소리도 들을 수 없을 뿐 아니라 모든 목소리를 신뢰하기 어려워집니다. 젠더 이분법이라는 강력한 틀이 세상을 인식하는 방식으로 자리 잡고 작동하다 보니 우리 눈앞에 올바른 것이 있어도 그것을 알아보지 못하기 십상이지요. 찌그러진 안경을 쓰고 세상을 보는 것과 다름없습니다. 열세 살 주디와 열여섯 살 조지 눈에는 선명하게 보이는 것이 우리 눈에는 보이지 않습니다.

성장으로 가는 길은 저항의 길입니다. 그것은 관계의 상실에 건강하게 대항하며 시작합니다. 유튜브 동영상 속 아기가 관계를 복원하기 위해 보이는 반응과 같은 것이지요. 소년은 자신의 정서적 민감성 및 친밀해지고자 하는 열망을 지킬 방법을 찾고 소녀는 자신의 정직한 목소리를 간직할 방법을 발견합니다.

그러나 관계의 상실에 맞서 건강하게 저항하던 아이들은 젠더 이분법 및 위계질서와 충돌합니다. 젠더 이분법은 생각과 감정, 마음과 몸, 자아와 관계를 분리하라고 강요하지요. 실제로 관계의 끈이 잘려 나가면 건강한 저항은 정치적 저항의 형태로 변화합니다. 가부장제 문화에 대한 항거입니다.

아이들은 가슴으로 아는 것을 잊으라 강요하는 위계질서와 젠더 분리에, 혹은 망망대해에서 혼자가 되라고 강요하며 미칠 지경까지 내모는 가부장제에 건강하게 저항하지만 결국 지하로 숨어들어 가거나 전략적으로 변화합니다. 우수한 학생이자 학교의 리더인 니티는 목소리를 보존해온 자신만의 방식을 설명합니다. "내가 믿는 것을 곧이곧대로 말하는 목소리는 내면 깊숙이 묻어두었습니다."[9] 숨겨놓았을 뿐 잊지는 않습니다. 그러나 가부장제를 수용하라는 압력이 거세질 때, 다른 누군가의 입맛에 맞는 소년 혹은 소녀가 되고 싶다는 욕망이 강해질 때, '관계'를 만들어야겠다는 마음이 간절해지고 반드시 그래야 할 것처럼 느껴질 때 정치적 저항은 심리적 저항으로 바뀝니다. 즉 감정을 계속 억압해야 하는 상황에서 사회 연결망마저 끊어지면 정치적 저항은 점차 힘을 잃어갑니다. 마찬가지로 너무 고통스럽고 수치스러워서 아예 아무것도 알려 하지 않는 부정하기 전략에 의탁합니다. 정치적 저항에서 심리적 저항으로 바뀌면서 세상을 변화시키겠다는 마음은 사라지고 대신 이미 권력을 잡은 세력에 자신을 맞추려 하는 것이지요.

2005년 리사 마초이언Lisa Machoian이 진행한 청소년기 소녀들의 우울에 관한 연구에 참가한 캐리는 전략적 저항에서 심리적 저항으로 변화한 과정을 진술합니다. 전략적으로 저항할 때 소녀는 인습에 순응하는 것처럼 보이지요. 언제 말해야 하고 무엇을 말해야 하며 언제 조용히 있어야 하는지를 조심스럽게 선택하지만 자신이 무엇을 생각하고 느끼고 말하고 싶은지를 놓치지 않고 간직합니다. 그러나 심리적 저항 단계에 이르면 내면에 장벽이 생겨 자신의 감정을 인지하지 못합니다. 그 장벽 때문에 어떤 마음이 불편해지는지조차 알지 못합니다.[10]

캐리는 타인을 즐겁게 하려고 애쓰다가 지치는 단계를 설명하며 스스로 인간 이하가 되거나 다른 사람이 되는 듯해 마음이 너덜너덜해진다고 말합니다. 자신이 아닌 다른 사람이 됨으로써 정체성에 대한 방향감각을 놓칩니다. 동시에 마음 한구석에서는 뭔가가 사라져버린 것이 느껴집니다. '그 무엇도 제대로 된 것이 없다는 느낌이 들기' 때문이지요.

그건 정말 당신을 마모시킵니다. 당신을 닳아 없어지게 해요. 당신이 타인을 즐겁게 하려고 애쓰다 보면 인간 이하로 내려가는 느낌이 듭니다. 당신이 아닌 거죠. 과거에 당신이라 칭했던 정체성이 사라집니다. 전혀 다른 사람이 되는 겁니다. 그러니 무엇 하나 제대로 돌아간다는 생각이 들지 않아요. 당신 내부에서 이미 그건 당신이 아니라는 사실을 알고 있으니 행복할 리가 없지요.

저항의 궤적을 다시 요약해봅니다. 관계를 포기하라는 압박에 건강하게 저항하는 것은 가부장제 구조를 향한 정치적 저항입니다. 권력을 향해 공개적으로 항의도 하고 명백한 진실을 말할 수도 있습니다. 그러다가 그 저항이 지하로 숨어들어 전략적인 것으로 바뀝니다. 그리고 다시 심리적 저항으로 전환됩니다. 이 시기에는 경험한 것 중 일부를 의식하지 않으므로 우리가 아는 우리의 일부를 모르게 됩니다. 심리적 저항으로의 전환은 일부 소녀들이 '소년'처럼 말하기 시작할 때 일어납니다. 자신 또는 타인의 감정에 귀 기울이지 않거나 묵살하는 것이지요. 또한 그것은 소녀들이 자아가 없는, 그저 착하기만 한 여성처럼 말하기 시작할 때 일어납니다. 늘 거기 있는 어머니, 친절한 딸, 완벽한 학생, 언제라도 도움의 손길을 건네는 동료로서 말입니다.

그들은 자신의 생각, 느낌, 갈망, 믿음을 주장하지 않습니다. 이렇듯 심리적 저항으로 옮겨가면서 일부 소년들은 남자애가 갖는 여러 문제를 드러냅니다. 소년들이 보이는 학습 장애, 주의력 결핍 장애, 언어 장애는 학교에서 일하는 사람이라면 익히 아는 현상이지요. 또한 행동 조절 능력이 없는 청소년기 소년들은 자살 혹은 치명적 폭력을 향해 달려갑니다. 일부 소녀들은 우울증, 섭식 장애, 자해, 자기소외 같은 증상을 보입니다.

인터뷰를 하다 보면 그들이 정치적 저항에서 심리적 저항으로 전환하는 지점을 포착할 수 있습니다. '-못한다(않는다)'라는 말이 개입될 때죠. 소녀의 경우 '나는' '안다'에서 '알지 못한다'로, 소년의 경우 '나는' '배려한다'에서 '배려하지 않는다'로 바뀌는데 이는 내면화된 금기의 일종입니다. 소년에게는 앎을, 소녀에게는 돌봄을 배당하는 젠더 이분법을 내면화하면 일부 소녀들은 자신이 아는 것을 실로 알지 못하게 되고 일부 소년들은 진심으로 자신이 염려하고 돌보려는 사람이나 상황에도 관심을 두지 않게 됩니다. 관계 맺음에서 침묵이라는 여성스러움으로 혹은 거리 두기라는 남성스러움으로 전환하는 것이 위계질서를 세우는 데 반드시 필요하다 보니 상위 계층에 있는 이들은 공감 능력을 잃어야 하고 하위 계층에 있는 이들은 자기주장 능력을 상실해야 합니다. 앎과 돌봄은 정치적 저항에 반드시 필요한 덕목입니다. 이 두 가지 덕목은, 특히 지성(앎)과 감정(돌봄)을 분리함으로써 남성이든 여성이든 온전한 인간으로 성장하지 못하도록 유도하고 성별에 따라 제한적인 행동 지침을 강요하는 가부장제에 대항하기 위해 반드시 갖춰야 할 필수 가치입니다.

부당함에 맞서기 세미나 과제인 리포트 쓰기에서 법학도인 크리스틴은 여덟 살 사촌 아킬리에게 도발에 가까운 질문을 받았던 경험을 적었습니다.

"아킬리가 이것저것 질문하는데 나는 후렴구처럼 '몰라'만 되풀이했습니다. 급기야 동생이 내 말을 끊고 '모른다는 말은 그만 해!'라고 외쳤어요. 그때까지만 해도 나는 내가 그 말을 반복한다는 사실조차 깨닫지 못했지요. 하지만 아킬리는 그걸 알아채고 내 경험에서 우러나오는 말을 하라고 응원해준 거예요. 아킬리는 내가 진짜 내 생각을 말할 수 있다는 사실을 알길 바라더군요. 동생은 내가 그녀에게 솔직하기를 원했어요. 관계를 맺고 싶었던 거죠."

크리스틴은 "모른 척하기를 방어기제로 사용했습니다. 어쩌면 내 의견이 상황을 혼란스럽게 만들 수도 있고, 만약 갈등이 발생한다면 나 자신을 미리 방어해야 한다는 계산이 앞섰던 겁니다"라고 말했습니다.

박사과정을 준비하는 인권변호사 케이티는 자신이 진짜 다루고 싶은 주제를 연구하기가 꺼려지는 까닭을 설명하며 '이기적'이라는 말을 사용합니다. '중요한 것'이나 알 만한 가치가 있다고 널리 판단되는 그 무엇이 아닌, 자신이 호기심을 갖는 주제를 연구한다는 것은 자기중심적이라는 뜻이겠지요.

크리스틴은 실제 발생하지도 않은 잠재적인 갈등에서 자신을 방어하려는 마음이 강했습니다. 따라서 혼란을 초래할 수 있는 의견일 경우 이를 처음부터 숨기려 했지요. 하지만 여덟 살 사촌 동생이 가만있지 않습니다. 관계에 몰입하라고 이야기합니다. 모른다고 주장할 것이 아니라 자기 이야기를 하라는 뜻이지요.

케이티는 자신의 호기심을 '이기적'이라고 단정합니다. 자신이 알고 싶은 것을 중요하지 않은 주제라고 우기는 바람에 결국 세미나의 지도 교수로서 나는 그녀에게 자신의 목소리에 귀 기울이라고 요청했습니다.

애덤과 재키처럼 크리스틴과 케이티는 그들을 이끄는 힘을 인식하고 있습니다. 물론 자신들이 무엇을 하고 있는지도 모른 채 자신을, 자신의 지식을, '경험에서 우러나오는 이야기를 할 능력을', 자신이 품는 의문을 관계나 업무에서 분리하며 관계를 떠나보냅니다. 자신이 한 일에 눈뜬다면 가부장제가 지속되는 데 그들이 어떻게 힘을 보탰는지 알아보겠지요. 크리스틴은 자신의 견해가 분란을 일으킬 수 있고, 갈등을 촉발할 수 있으니 미리 자신을 보호하느라 입을 다물었고, 케이티는 '이기적'인 사람이 되지 않으려고 자신이 알고 싶은 주제를 회피했습니다. 두 사람이 사용한 전략으로 미루어 보건대 그들은 각각 무엇이 위태로운지 정확하게 알고 있었습니다.

나는 정치적 저항이 심리적 저항으로 바뀌는 과정에서 일부 여성이 침묵의 음모라 여길 만한 것에 어떻게 동참하는지 알게 되었습니다. 여성들은 자신이 본 것, 자신이 아는 것에 대해 입을 열지 않았습니다. 이런 형태는 일부 남성이 폭력을 공모하는 세력(더 적절한 표현이 없습니다)에 가담함으로써 관계에서 멀어지고 여성을 대상화하는 것은 물론, 남성다움이 수치를 당하거나 자신의 취약성이 노출될 때 패악을 부리는 것과 같은 맥락입니다. 젠더 정체성의 폭넓은 스펙트럼을 충분히 인식해 많은 여성과 남성의 삶에 근본적인 변화가 일어난다면 남성의 폭력과 여성의 침묵이 난무하는 문화와 남성다움, 여성다움의 이분법적 규정이 점점 더 눈에 거슬릴 것입니다.

나는 자기 목소리를 내고 관계를 맺으면서 정치적 저항을 멈추지 않는 이들을 주목합니다. 소녀들의 성장 관련 연구에 참여한 열네 살 애나는 '관계'를 위해 목소리를 죽이라는 강요에 단호하게 반발합니다. 영웅 전설에 관한 글을 두 편 써 이를 표현했는데, 하나는 노동 계층 출신인 한 여학생이 대학교에서 장학금을 받으려 하는 이야기이고, 다른 하나는 글을 쓰고 싶어 하던 자기 자신에 관한 이야기입니다.[11] 그녀는 자신의 글이 선생님을 화나게 하리라는 사실을 잘 알고 있었습니다. 자신이 쓴 글이 영웅 전설을 바라보는 선생님의 온건하디 온건한 견해와 달랐기 때문이지요. 실직한 애나의 아버지는 오빠에게 폭력을 휘둘러 사회복지사가 집으로 찾아오는 상황까지 만들었고, 애나는 이런 자신의 경험을 바탕으로 영웅 전설이 자신의 나약함을 폭력으로 은폐하도록 남성들을 부추기므로 위험천만하다는 점을 꿰뚫어

보았습니다. 글에 관한 설명을 덧붙인 편지와 함께 두 편의 글을 제출하면서 애나는 선생님의 분노를 각오했지요. 관계가 틀어질 각오도 했습니다. 왜냐하면 자신의 목소리를 내는 것과 선생님과의 관계를 유지하는 것, 이 두 마리 토끼를 잡기가 애초부터 위험을 감수해야 하는 행위라는 것을 알았기 때문입니다. 선생님은 애나의 글을 모두 읽었습니다.

여러 해 동안 나는 소녀들의 말에 귀 기울이고 그들의 저항을 목격하면서 다소 유리한 지점에서 나 자신의 성장 과정을 되돌아보았습니다. 청소년기에 어머니와 싸웠던 경험은 관계의 단절을 걸고 한 싸움이었을 뿐 아니라 다른 무언가에 대한 싸움이라고 이해했습니다. 사실 어머니와 두 가지 측면에서 관계를 맺고 있다고 생각했지요. 하나는 내가 사랑하는 여성, 나와의 관계에 온전히 몰입한 여성과의 관계였고, 다른 하나는 아버지의 아내인 프리드먼 부인으로서 만족스러워 보이는 여성과의 관계였지요. 어머니는 법대 학생 애덤이 보고 싶지 않다고 한 것, 즉 '가만있는 배를 흔들었을 때' 발생할 일에 관해 나에게 경고하려 했습니다.

한편 나는 소녀에서 젊은 여성으로 성장할 즈음 내게 전해진 프레임, 재키가 설명했던 여성스러움이라는 틀에 저항하는 중이었습니다. 프시케와 에로스 신화를 읽은 지 한참 지났지만 여전히 난 대상이 되고 싶지 않았으며 사랑을 얻으려면 내가 아는 것을 말하지도 보지도 말아야 한다는 명령을 따르고 싶지 않았습니다. 나는 관계를 맺기 위해 싸우고 있었지요. 하지만 우리가 소환한 용기, 우리가 직면한 보복, 다시 말해 어머니가 내게 한 경고를 이해하고 뼈저리게 인식한 것은 그로부터 몇 년 후 내가 소녀들을 연구하고 그들의 저항을 목격할 때였습니다. 프시케처럼 우리는 위험을 자초했지요. 그러나 우리는 여전히 위압적인 힘에 직면하면서도 놀라우리만큼 안간힘을 다해 회복하고 있었습니다.

고통에서 벗어나기 위한 몸부림

✦ 나오미

되돌아보니 선명해집니다. 모든 길은 존 볼비로 통했습니다. 애착과 상실에 관한 그의 선구적인 연구로 말이죠. 그 당시 우리는 애덤의 말처럼 '별다른 의식이나 생각 없이' 우리를 행동케 하는 남성다움, 여성다움이라는 막강한 가부장제와 겨루고 있다는 사실을 깨달았습니다. 무의식을 건드리면서 우리는 정신분석학으로 관심을 돌렸고 특히 상실을 다룬 정신분석학 문헌에 꽂혔지요. 2015년 가을 캐럴은 나에게 프로이트, 멜라니 클라인Melanie Klein, 존 볼비의 책을 추천해주었습니다.

프로이트와 클라인의 책을 읽으며 똑같은 난관에 부딪혀야 했습니다. 상실을 다룬 그들의 이론이 가부장제가 하는 이야기를 구체적으로 설명하고 있더군요. 상실은 불가피하고 거리 두기는 유일하게 건강한 해결책이라는 것이었지요. 상실을 애도하되 그것을 뛰어넘어라. 쉽게 말하면 "그저 계속 가라"는 것이었습니다. 프로이트는 애도를 건강한 과정으로 설명하는데 정신분석학 용어로 에고, 즉 '나'는 잃어버린 대상, 사랑받던 대상에서 스스로를 분리해야 합니다.[1] 반면 우울은 상실에 대한 병리학적 반응으로써 잃어버린 대상에 계속 애착하므로 에고를 그늘지게 합니다. 프로이트가 자주 쓰는 말이 있지요. "대상의 그림자가 에고에 드리워졌다."[2]

애도와 우울을 구별할 때 프로이트는 어린 소년과 청소년기 소녀들이 보이는 저항을 참고했습니다. 상실에 직면한 뒤에도 관계를 유지하려고 노력하는 것은 캐럴의 관점에서 보면 건강한 저항입니다. 그러나 프로이트가 볼 땐 상실에 대한 병리학적 반응, 즉 애도의 실패이죠. 프로이트가 말하는 건강한 애도란 우정을 상실했다는 사실을 받아들이는 것으로써 그것이야말로 '성숙하다'는 징표입니다. 니오베 웨이의 연구에 참여한 한 소년의 말을 인용하면서 캐럴은 그가 '더 남자다워지는 방법'을 배우는 중이라고 말합니다. 프로이트의 관점에서 보면 소년은 잃어버린 대상과 자신을 분리합니다. 슬프지만 궁극적으로는 건강한 발전이며 성장에 필요한 부분이라는 주장입니다.

클라인은 피해망상에 시달리며 사람을 '착하고' '못된' 두 부류로 나누는 편집분열증을 타고난 공격적 환상, 즉 죽음 본능의 본래적 특성으로 봅니다.[3] 이 관점은 오이디푸스 신화를 바라보는 프로이트의 해석을 구체화한 것이지요. 문명화가 일어나지 않았다면 우리는 파괴적 성향과 환상 때문에 괴로울 겁니다. 타인 혹은 분열에 대한 공포와 더불어 관계가 파괴되는 데 대한 책임은 문화가 전해준 것이며 부모가 자녀에게 전달하는 것이기도 합니다. 공격성, 피해망상, 분열은 이미 내재된 본성이므로 트라우마와 상실의 결과라기보다는 그것의 근원이라는 겁니다. 관계에서 거리 두기, '착한' 사람과 '못된' 사람으로 나누기, 이타적인 사람과 이기적인 사람 혹은 감정적인 사람과 이성적인 사람으로 가르는 것을 문화적 규정이라 보는 이런 설명은 성장 연구의 결과와 맞지 않았습니다.

바로 그즈음 볼비의 글을 읽게 되었습니다.[4] 그는 프레임을 바꿉니다. 애착을 인간이 태어나면서 죽을 때까지 평생 달고 다니는 욕망이라 설명하고 자아와 타인 간의 거리 두기, 분리는 관계의 상실에 적응하지 못해서 나오는 반응이라고 봅니다. 모든 관계 안에 건강한 성장의 씨앗과 가장 고통스러운 트라우마의 씨앗이 공존한다는 그의 말에 나는 충격을 받았습니다. 볼비는, 관계를 잃은 후에는 심각한 부상을 당했을 때 몸이 고통스러운 것처럼 마음 역시 고통스러운 상태에 빠지므로 방어벽이 생긴다고 말합니다. 이런 방어벽은 회복할 수 없이 망가진 관계에서 우리를 지켜주지만 시간이 지나면서 부적응과 파괴로 나아갈 수 있습니다. 그렇게 되면 친밀함과 관계 맺을 가능성에서 자신을 배제하고 타인이나 자기 자신에게 해를 끼치게 되지요.

이런 통찰이 가능한 이유는 캐럴의 학문적 성과가 널리 영향을 미쳤기 때문이라고 생각합니다. 볼비는 관계 맺는 능력이 우리의 생존에 필수적일뿐더러 우리가 힘을 내야 할 때 의지할 만한 가장 큰 자원이라고 말했습니다. 나는 여기서 캐럴의 깨달음이 메아리치는 소리를 듣습니다. 캐럴은 소년과 소녀가 관계를 잃지 않으려고 저항하는 것을 건강한 저항이라고 정의했지요. 또한 관계가 회복할 수 없을 만큼 분열되면 관계 자체에서 도망치고 자기 자신의 일부와도 거리를 두게 된다는 볼비의 관찰에서도 캐럴의 말을 떠올립니다. 캐럴은 관계의 상실을 받아들이라는 압력이 너무 커지면 건강한 저항이 심리적 저항의 형태로 바뀌면서 자아와 타인과의 연결선을 끊어버린다고 말했습니다. 그때는 그것이 자신을 지키는 행위라 여겨지니까요. 볼비의 설명을 더 들여다보면 건강한 저항에서 심리적 저항으로 전환되는 심리가 잘 보입니다.

자신을 돌봐주던 사람과 분리된 뒤 어린아이들이 보이는 반응을 관찰한 결과 볼비는 상실에 대한 반응을 세 단계로 정리합니다. 반항, 절망 그리고 거리 두기입니다.[5] 연이은 연구에서 그는 거리 두기가 다시 두 가지 형태를 취한다고 주장합니다. 첫째는 순응적 관계 맺기인데 이것은 볼비의 용어로 말하면 '불안한 애착/강제적 돌봄'이고 둘째는 관계의 회피와 정서적 거리 두기로 그가 '회피적 애착/강제적 자기의존'이라 부르는 것입니다.

반항

어린아이가 반항 단계에서 보이는 반응들,[6] 가령 매달리고 울고 떼쓰며 돌봐주는 사람을 찾으려는 행동을 설명하는 볼비의 글을 읽으면서 캐럴, 추, 웨이가 설명한 소년과 소녀의 '건강한 저항'이 떠올랐습니다. 아이들이 성장의 초기 단계에서 상실에 반항하며 보이는 반응이나 청소년기 소년과 소녀가 관계의 상실을 강요하는 어른 세계로의 입문 과정에서 보이는 반응이 매우 유사하기 때문입니다. 상실 다음에는 독립성이라는 남성다움과 자아 없음이라는 여성다움으로 나아가도록 정해져 있으며 이는 자연스러운 성장 단계로 여겨지지요.

볼비는 인상적인 반항 사례를 언급합니다. 두 살 된 로라는 어머니와 8일 동안 떨어져 있어야만 했습니다. 어머니가 건강이 좋지 않아 병원에 입원해야 했기 때문이죠. 그로부터 몇 개월 후에도 로라는 여전히 어머니에게 비난조로 묻습니다. "어디 있었어요, 엄마? 어디에 있었던 거죠?"[7] 로라의 반항에서 나는 세라의 목소리를 듣습니다. 선생님의 부재에 강하게 항의했던 스피드스케이팅 선수 세라 말입니다. "선생님, 어디에 계셨나요?" 그녀는 사실 그에게 이렇게 물었던 겁니다.

분노에 찬 질문이나 로라 같은 어린아이들의 필사적인 울음에 귀 기울이면서 볼비는 엄청난 사실을 발견합니다. 미성숙하거나 나약해서 상실에 반항하는 것이 아니라 따뜻한 손길을 잃었기에 슬퍼하는 것이라고 말이죠. 이는 건강한 반응이자 돌봐주는 사람과의 관계를 회복하려는 생존에 필수적인 반응입니다. 볼비의 이런 발견은 캐럴과 웨이의 연구에 참가한 아이들이 본능적으로 아는 사실, 즉 그들의 저항은 성장에 대한 거부 표시가 아니라 내면에 존재하는 감정과 타인과 맺은 관계를 잃어버리는 것에 대한 저항이라는 것입니다. 더구나 놀라운 점은 볼비의 예리한 관찰력입니다. 볼비는 아이들이 보이는 이런 반응이 신체적으로 분리되었을 때나 정서적으로 어긋났을 경우 모두에서 나타난다는 사실을 밝혀냈습니다.[8] 이는 우리에겐 물리적 안전만큼이나 정서적 연결이 중요하므로 '애착'이 필요함을 대변합니다.

애착에 대한 볼비의 개념에는 관계를 '서로 연결된 채 살아가는 경험'이라고 정의한 캐럴의 생각이 반영되어 있습니다. 볼비는 정서적인 교류가 사라질 경우 어린아이들이 그 상황에 반항할 것이라고 말했지요. 이는 가부장제의 대본대로 짜여진 '관계'를 맺으려면 관계를 희생해야 한다고 강요하는 힘에 어린아이들이 거침없이 맞설 것이라고 주장한 캐럴의 설명과도 일맥상통합니다.

볼비는 신체적으로 분리되거나 정서적으로 어긋났을 경우에 모두 반항한다고 주장했는데 이는 관계가 훼손되었음을 포착하고 이에 항거할 만한 능력이 어린아이들에게 있다는 점을 시사합니다. 어린아이들에게 관계의 훼손이란 학대 혹은 부당함 같은 명백한 형태에서부터 관계가 단절되거나 서로 감정이 조율되지 않는 것 같은 아주 미묘한 부분까지 포함됩니다. 어머니와의 관계에서 어린 자녀는 능력과 권한이 한쪽으로 기울어진 비대칭적 관계를 맺습니다. 이럴 때에도 아이들은 취약한 자신의 욕구에 어머니가 호응하리란 사실을 보장받으려 합니다. 이런 측면에서 자녀와 부모 관계는 위계질서와 동등성 간의 차이, 권위주의와 민주주의의 차이를 이해할 수 있는 장을 제공합니다. 또한 단순하게 동일한 대우에 그치는 것이 아니라 호응하기, 함께 있음의 차원에서 이해가 가능한 마당이 되어줍니다.[9]

초기 반항 단계를 관찰한 볼비의 주장에는 대체로 간과하기 쉽지만 무척 중요한 뭔가가 있습니다. 그것은 우리의 개성이나 관계를 맺는 양식이 순전히 우리가 태어난 문화와 가정환경에 의해 형성된다는, 흔히 통용되는 견해에 도전장을 내밉니다. 대신 볼비는 처음부터 우리 내면에는 주체성의 요소가 있다는 것, 이것으로 우리는 외부 영향을 거부하고 각각의 욕구와 소망에 더 잘 어울리는 관계를 형성할 능력이 있음을 보여줍니다. 나는 이 점이 특히 중요하다고 생각합니다. 가부장제가 지속되는 이유를 떠올리면 말이지요. 왜냐하면 우리 모두의 내면에 저항의 불씨가 있다는 암시거든요. 달리 말해 관계를 맺고자 하는 가장 근본적인 욕구가 문화적인 규정으로 인해 손상될 경우 우리 내면에 있던 도전 정신이 마침내 발현된다는 의미입니다. 이것은 그저 뜬구름 잡는 막연한 희망이 아닙니다.

볼비는 자신을 돌보는 이들과 교감하지 못하도록 문화가 가로막을 때 어린아이들이 터뜨리는 울음소리에서 메시지를 건져 올립니다. 또한 그 울음소리에서 영감과 확신을 얻은 뒤 병원이나 교육기관에서 아이들을 교육한다는 미명하에 자행되는 관행을 근본적으로 개혁하는 데 앞장섭니다.[10] 그 관행은 관계에서 거리를 두라고 종용하고 정서적 무관심을 권하기 때문입니다.

절망

볼비는 반항해도 관계가 회복되지 않을 때 절망이 찾아온다고 설명합니다. 잃었던 것을 되찾으리라는 희망이 사라지니까요. 이 단계에서는 어린아이가 관계의 고리를 다시 잇기 위해 노력하는 모습이 좀처럼 눈에 띄지 않습니다. 볼비는 이런 감정적 침잠을 알려진 것처럼 회복의 기미가 아니라 절망의 표시라고 보았습니다.[11]

반항에서 절망으로 이어진 길을 따라가다 보면 분노의 파도가 일렁이는 것을 목격합니다.[12] 반항의 단계를 지켜보면서 볼비는 기능적 분노를 확인합니다. 자신을 돌보는 이와 다시 연결되도록 어린아이를 움직이는 '희망의 분노'지요. 볼비는 이 분노가 종종 비난 혹은 처벌의 의도를 담은 듯한 행동으로 표출되지만 "결속을 방해하기 위해서가 아니라 그것을 촉진하려고 작동한다"고 강조합니다.[13] 그러나 반항해도 관계가 다시 이어지지 않으면 희망의 분노는 역기능적 분노에 자리를 양보합니다. 그것은 '절망의 분노', '깊이 흐르는 분노'라서 차가운 '혐오의 기운'으로 발전합니다.[14] 혐오와 화가 덕지덕지 달라붙은 이 분노는 관계에 위협이 되는데 그렇다고 상실을 책임져야 할 사람에게 분노를 직접 쏟아내는 것도 아닙니다. 아이는 그 분노를 억압하거나 자기 자신에게로 화살을 돌리거나 전혀 엉뚱한 사람, 보통은 자신보다 더 약한 사람에게 투사합니다.[15] 이런 식으로 어린 아이는 관계의 훼손을 받아들이며 그 상실에서 자신을 보호하지요. 자신에게로 분노를 돌리거나 공격 성향을 키우면서 타인에게 상실을 주입합니다. 따라서 침묵과 폭력은 반항이 절망으로 전향되었음을 의미합니다.

절망 단계에는 저항의 목소리가 없습니다. 따라서 비활성화된 조용한 단계입니다. 기쁨이 사라지고 목소리가 변하며 심하면 우울과 연관된 무기력증이 나타납니다. 연결 고리가 끊어졌다는 뜻이지요. 네 살에서 일곱 살 남자아이들, 열한 살에서 열네 살 여자아이들, 청소년기 중반에서 후반에 해당하는 소년들 사이에서 나타나는 정신적 고통은 절망의 선언이라 보아도 무방합니다. 이는 어린아이들이 상실에 반항하다가 아무런 효과가 없다는 것을 알았을 때 보이는 절망과 같습니다. 이런 관점으로 보면 정신적 고통의 징후는 어떻게 해도 아무 소용 없다는 좌절감 혹은 끊어진 관계의 고리를 이으려는 시도가 실패했을 때 생기는 신뢰의 상실을 반영합니다. 어른 세계로 입문하는 시기에 좌절의 강도가 높아지는 현상은 가부장제 젠더 규범으로 돌입하는 과정이 드디어 심리 영역에까지 침투했다는 신호로 볼 수 있습니다. 연결 고리의 상실은 '희망의 분노'에서 '절망의 분노'로 전이되는 과정, 상실이 복원되리라는 신뢰가 산산이 부서질 때 일어나는 전이 과정에 반영됩니다.

어린아이가 애원이 물거품으로 흩어지는 현장에서 변화를 도모하려고 노력해봤자 아무 소용 없다는 사실을 배우고 나면 희망을 포기하게 된다는 볼비의 설명을 읽고 생각합니다. 소년에게는 부드러움이나 돌봄 받고 싶다는 욕구를 표현하지 말고 '용감한 소년'이 되라는 압력을 넣고, 소녀에게는 주체성을 드러내거나 자신을 위해 화내지 말고 '착한 소녀'가 되라는 압력을 넣는 것이 어떻게 관계의 단절에 효과적으로 항의하는 능력을 망가뜨리는지, 그리하여 어떻게 관계의 상실에 반항하던 태도에서 그것을 묵인하는 태도로 그들을 변화시키는지 말입니다.

거리 두기

볼비가 이룬 가장 빛나는 성과는 관계의 연결 고리가 복원되지 않을 때 절망이 거리 두기로 바뀐다고 주장한 점이었습니다. 거리 두기는 해리성 방어기제로서 회복 불가능한 분열을 야기하는 모든 가능성을 죄다 제거하려 하지요. 자아를 동강 내고 관계 맺기를 향한 열망을 절단하는 식으로 거리 두기를 실행하지만 이는 자기도 모르고 하는 일입니다. 정신분석학자 수전 샌즈Susan Sands는 임상 문헌에서 이런 글을 썼습니다. "해리성 방어기제는 타인과의 관계를 통제하는 데 작용한다. (……) 해리를 겪는 환자는 지금 생존할 수 있을 정도까지만 주변 사람들과 관계를 맺는다. 한편 더욱 친밀한 관계를 맺고자 하는 욕구는 완전히 제거하지 않고 한쪽에 격리해둔다."[16] 이런 설명은 건강한 저항을 심리적 저항으로 변화시키는 심리의 역동성과 '관계'를 위해 관계를 희생하라는 외부 압박을 더 깊이 이해하는 배경이 됩니다.

볼비는 거리 두기 단계에서 어린아이는 "어머니의 돌봄이나 여타 사람들과의 접촉 그 어떤 것도 자신에게 크게 중요하지 않다는 듯이 행동할 것이다. 점점 자기중심적이 되고 자신의 소망과 감정을 사람들과 나누기보다는 물질에 전념할 것이다"라고 말합니다.[17] 비록 그 아이는 "유쾌해 보이고 다소 일반적이지 않은 상황에 적응한 듯 비쳐지며 모든 사람과 편하게 지내고 두려울 것이 없어 보이지만 이런 사회성은 피상적일 뿐 더 이상 그 누구에게도 관심을 갖지 않는 것 같다"고도 말합니다.[18] 일단 거리 두기 단계가 시작되면 우리는 돌봄이나 인간적 연대를 향한 염원을 부인하고 그것과 인연을 끊습니다. 관계에서 멀어질 때 발생하는 상실에 대처하기 위해 자기중심적이 된다거나 사람보단 물질에 더 많은 관심을 쏟는 것으로 보상받으려 하지요. 이것은 볼비가 '강제적 자기의존'이라 부르는 전략입니다.[19]

거리 두기에 대한 볼비의 관점은 프로이트의 건강한 애도와 병리적 우울 개념을 본질적으로 뒤집어버립니다. 거리 두기에 익숙해진 사람은 관계를 향한 열망과 잃어버린 대상이 뒤섞여 생긴 그림자에 정신 상태가 어둡게 가려진 상황이라고 보면 됩니다. 거리 두기를 하는 사람은 사랑을 향한 열망이나 상실의 고통을 품고 있다가 무의식 속으로 밀쳐버립니다. 따라서 그것이 관계를 형성할 능력을 압도하며 유령처럼 떠도는 그림자가 된 것도 모릅니다.

양육자와 분리된 어린아이들의 말을 귀 기울여 듣고 그들의 표정이나 몸짓, 감정의 흐름을 관찰한 볼비는 이렇게 겉으로 만족스러워 보이는 아이들의 내면에서 관계를 맺기 위한 노력이 무의식적으로 일어나고 있음을 발견합니다. 이전에는 없었던 노력이지요. 이런 노력은 거리 두기가 상실을 대하는 건강한 반응이고 독립과 성숙으로 이어지는 변화일 뿐 아니라 회복의 기미라고 보는 기존의 견해를 무색하게 만듭니다.

특히 두 살 케이트의 경우가 단적인 사례입니다. 어머니와 떨어진 지 2주째로 접어들 무렵 케이트는 다른 무언가에 몰두하거나 꿈을 꾸는 듯한 모습을 보입니다. "케이트가 뭘 찾고 있지?" 라고 혼잣말하기도 했지요.[20] 볼비는 이런 반응을 심각하게 받아들였습니다. 이것은 인지적 혼란이나 발달 지연의 징후가 아니라 케이트가 자신을 자신의 열망에서 분리하고 자기 자신과 거리 두기를 함으로써 어머니를 찾기 시작했다는 뜻이기 때문입니다. 무언가를 찾는 누군가(케이트)가 있지만 케이트(말하는 자)는 케이트가 누구를 혹은 무엇을 찾고 있는지 더 이상 확신하지 못합니다.

이 설명은 인상적입니다. 볼비의 해석은 탁월하지요. 그는 저항이 씨알도 먹히지 않거나 관계가 복원될 가능성이 희박해 보일 때 그 관계에 내재된 회복력이나 신뢰성을 더 이상 믿지 못하게 된다고 설명합니다. 관계를 맺고자 하는 열망은 계속되지만 상실과 배반의 서곡으로만 경험할 뿐입니다. 볼비는 아이들을 세심하게 관찰한 후 어린아이들이 더 이상 관심 없다는 듯이 행동한다면 그것은 그들이 더 이상 사랑을 열망하지 않는다는 뜻이 아니라 희망이 보이지 않는 열망을 좇기가 너무 버거워졌다는 표시라고 강조합니다. 그다음에 아이들은 사랑 혹은 관계를 향한 간절함을 떠올리는 감정, 생각, 이미지, 기억 역시 의식의 차원에서 삭제합니다. 이것이 볼비가 '비활성성'[21]이라 이름 붙인 방어의 기술입니다.

거리 두기 이면에서 벌어지는 이런 현상에 관한 설명은 애나 드비어 스미스Anna Deveare Smith의 희곡 「현장 보고서Notes from the Field」에도 나타납니다. 이 연극에는 STPP School to Prison Pipeline[i]가 등장합니다. 한 교사는 모든 사람을 거부하는 아이들을 학교 밖으로 내쫓는 관행에 대해 아이들을 "멀리 내쫓는 것이 답이 아니

i 학교에서 징계받은 아이를 바로 교도소로 보낼 수 있는 제도

다. 오히려 그들에게 더 가까이 가야 한다"고 주장합니다. 그들을 멀리 내치는 것이 아니라 가까이 끌어당김으로써 그들의 행동 뒤에 숨은 문제를 해결하겠다는 이야기입니다. 사랑을 향한 그들의 열망이 전혀 희망 없는 바람이 아니라는 사실을 아이들에게 전할 수만 있다면 가능한 일이라는 주장이지요.[22]

1979년에 발표한 논문 「알아서는 안 될 것을 아는 것, 느끼지 말아야 할 것을 느끼는 것에 대하여」[23]에서 볼비는 아이들이 분리 후유증인 불안을 느끼지만 정작 그것을 표현하지도, 심지어 느끼지도 말라는 압박을 받을 때 그들이 직접 겪은 '상실에 대한 감정을 어떤 식으로 모조리 차단하는지' 설명합니다.[24] 거리 두기는 그러므로 두 가지 형태를 취합니다. 타인과의 외적인 관계 단절이 하나입니다. 나머지 하나는 모든 감정이 한 올 한 올 엮결된 관계를 내면에서 단절하는 방식인데 이러한 내면의 단절에서 외적 관계의 단절이 촉발됩니다.

거리 두기가 독립과 성숙으로 오인되는 현상을 관찰한 볼비 덕분에 이런 생각이 떠올랐습니다. 거리 두기는 남성다움이라는 위조된 독립성을 반영하므로 성숙으로 곡해될 수 있다는 것이지요. 가부장제 구조에서는 남성다움이 인간다움과 동의어입니다. 볼비가 설명한 거리 두기를 따라가다 보면 문화적 이상으로서의 남성다운 자율성을 만나게 됩니다. 권력의 축적과 물질 확보에는 탐욕적인 반면 정서적으로는 금욕적이며 인간관계 또는 정서적 친밀성과는 소원한 페르소나와 만나게 되는 것입니다.

일단 이런 연관성을 인식하자 '사내' 혹은 남자가 되어가는 소년에 관한 추와 웨이의 설명을 보는 동안에도 볼비가 말한 분리된 아이 개념이 귀에 맴돌았습니다.

영민하고 뺨이 토실토실한 열네 살 페르난도가 생각납니다. 그는 우정과 교육이 '가장 중요한' 가치에 속한다고 말했습니다. "교육은, 내가 훌륭한 사람이 되고 싶으니까 중요하구요, 친구가 많은 것도 중요하지요. 그렇지 않으면 알잖아요. 외로워지죠."[25] 그러나 고등학교 2학년이 되면서 페르난도의 관심사는 훌륭한 사람이 되고 외롭지 않기 위해 친구를 많이 사귀는 것에서 옷, 돈, 여자, 재산 축적으로 바뀝니다. "작년부터 많이 성숙해졌습니다. 여자와 옷에 점점 관심이 가네요. 그게 제 환경이고 제가 사는 세상이더군요. 여자, 옷 그리고 돈 말입니다."[26] 성숙함과 남자다움은 독립적이고 부유한 것과 같다는 등식을 수용한 페르난도는 올해 가장 중요한 일이 무엇이냐는 질문에 "운동이죠. 남자가 되어가니까, 말하자면 운동과 여자애들……, 돈이 중요해요. 멋있어 보이고 싶잖아요. 어머니에게 다이아몬드 귀걸이 같은 걸 사드릴 수 있으니까요"[27]라고 대답합니다.

웨이의 연구에 등장하는 많은 소년처럼 페르난도 역시 이런 변화를 성숙이라 여깁니다. 그러나 깊이 감추어진 마음을 스쳐 지나가는 말로 털어놓습니다. 그는 여전히 관계를 맺고 싶어 하지만 친구들과의 관계에서 신뢰가 깨지거나 배신당할지도 모른다는 두려움 역시 가지고 있습니다. 마치 위협을 받고 궁지에 내

몰린 느낌이라고나 할까요.

열네 살 때 페르난도는 가장 가까운 우정에 관해 "딱 몇 마디로 설명할 수 없어요. 왜 그런지 모르겠지만 그 친구는 나를 신뢰하고 나도 그를 신뢰해요"[28] 라고 말했지요. 그러나 고등학교 2학년이 되면서 이 신뢰가 위기를 맞습니다. 산디아고가 어떤 친구냐고 물었더니 페르난도는 "나에게 비밀을 많이 털어놓습니다. 만약 내게 또 자기 이야기를 한다면 나도 내 이야기를 해야겠죠. 그런데 잘 모르겠지만 친한 친구들을 보면 때로 이중적인 면이 있는 것 같아요. 마르셀로라는 친구는 정말 멋있게 행동하다가도 교활하게 굴 때가 있어요. 그래서 늘 조심하게 돼요"[29]라고 답합니다.

드물긴 하지만 친밀함을 향한 욕망을 슬며시 드러낼 때도 있습니다. 물론 재빨리 남성다움을 강조하며 이를 덮어버리거나 아닌 척하지요. 마지막 인터뷰에서 페르난도는 이상적인 우정에 관한 질문을 받고 "음, 아시겠지만 그저 그곳에서 나를 위해 존재하는 것 정도 아닐까 합니다. 너무 계집애같이 들리지 않았으면 좋겠네요"[30]라고 말합니다. 페르난도는 청소년기 후반에 소년들이 겪는 핵심 갈등을 보여줍니다. 친밀한 관계를 맺고 싶지만 이런 생각을 털어놓으면 친구들이 자신을 계집애 취급하며 따돌릴까 봐 두려운 것이죠. 어떤 식으로든 관계를 잃을 것이 뻔해 보입니다. 그래서 웨이는 페르난도가 관계에서 점점 더 친밀성을 잃어가는 이유가 친밀해지고 싶은 마음이 없어서가 아니라 자신의 비밀이 신중하게 지켜지리라고 확신하지 못하기 때문이라고 지적합니다.[31] 취약성을 드러낼 경우 비웃음 받거나 조롱당하지 않으리라는 보장 역시 할 수 없습니다.

회복 불가능한 상실을 거치면서 거리를 두기 시작한 어린아이들이 양육자에게 쏟던 관심을 그들이 주는 선물로 돌리듯 페르난도가 우정에서 재산으로 관심을 돌린 것은 한 단계 발전한 형태로 보일 수 있습니다. 수용되지 않고 점점 위험해지며 겉보기에 소용도 없을 관계 맺기에 열정을 쏟느니 그를 '멋있어 보이게' 할 뿐 아니라 집단 내에서 수용될 만한 사물을 욕망하게 되는 것이죠. 단순히 운동, 여자, 돈 같은 것들이 더 잘 받아들여지기 때문이 아니라 인간관계를 신뢰하지 못하게 되면서 차라리 자기 손으로 좌지우지할 수 있는 이런 대상이 관계보다 더 믿을 만하게 보이기 시작한 것입니다. 사람이 대상으로 바뀝니다. 그러니까 페르난도의 말에 따르면 관계에 대한 열망을 축적에 대한 열망으로 대체하는 것은 '남자가 되는 것'을 의미합니다.

그러나 이런 '자기충족을 위한 남성다움 키우기'는 자신의 부적합성에 대한 두려움을 가라앉히려는 노력의 일환일 수 있고, 관계의 분열이나 배반의 가능성을 회피하려는 몸부림일 수 있습니다.[32] 당연하게 받아들여지는 것들, 가령 남자라면 사람보다는 사물에 우선순위를 둔다는 식의 전략은 결핍감을 물질로 해결하는 것이요, 관계를 신뢰하지 못하게 된 상실감을 보상하려는 수단에 지나지 않습니다. 여성을 대상화하거나 사물에 몰입하는 것은 체면을 세우는 방책이 되기도 하고 자신의 '여성스러운' 욕망을 은밀하게 누리는 방도가 되기도 합니다. 물질주의는 일종의 가림막 혹은 외로워지지 않으려는 방어책으로 쓰입니다. 페르난도의 경우를 통해 알 수 있듯이, 남성은 지위나 부, 여성을 소유하려는 욕망이 위협받는 것을 자신의 외로움이나 상실감을 건드리는 것으로 여깁니다. 외로움이나 상실감은 남성다움을 지키기 위해 드러내선 안 되는, 반드시 감추어야만 하는 약한 고리이다 보니 그것이 건드려져 노출되는 것이 그들에겐 무엇보다 큰 위협이지요.

이렇게 상실과 애착에 관한 볼비의 연구는 가부장제가 떠받드는 남성다움이 어떤 심리적 기능을 담당하는지 설명합니다. 그것은 몸에 상처가 나면 딱지가 생겨서 더 깊은 통증 혹은 또 다른 부상을 막는 것과 같은 이치입니다. 즉 거리 두기는 과거에 경험한 상실로 인한 증상이면서 동시에 앞으로 겪을 상실의 고통에서 자신을 방어하기 위한 조치라는 것이지요. 피부에 상처가 나면 2차 감염을 막기 위해 방어벽을 만들고 상처를 치유합니다. 분열을 거치며 관계가 단절될 때에는 방어벽이 세워집니다. 안으로는 자신과 자신의 가장 취약한 감정 사이 어디쯤에, 밖으로는 자신과 타인 사이에 말이죠.

역경의 한가운데 있다면 이런 방어벽은 마음이 적응하도록 돕고 더 이상 상처가 덧나지 않도록 보호해주는 기능을 합니다. 사랑과 지지를 받고 싶다고 표현해도 호응받지 못하거나 심지어 비난이 쏟아지는 환경에서는 더 이상 거부당하지 않기 위해 그런 열망을 가능한 표현하지 않는 방법을 배웁니다. 가부장제에서 남자아이들이 그러하듯이 말이죠. 마치 "애당초 친밀한 관계를 희망하지 않는다면 그런 희망이 내동댕이쳐진다 하더라도 절망하고 고통스러워할 필요가 없을 것"이라는 생각과 같습니다. 웨이의 연구에 참여한 타이론도 이렇게 말했습니다. "누구와도 친해지고 싶지 않아요. 그들을 잃고 싶지 않으니까요."[33] 더 이상 상실로 힘들어하지 않기 위해 감정이 메마른 상태로 자란 아이들은 희망을 포기하고 사랑의 가능성을 부인합니다. 웨이의 연구에 참가한 숀은 열여덟 살에 이런 방어 논리를 분명하게 세웠습니다. 그는 마음을 열고 자신의 취약함을 공개한 뒤 사람들과의 관계를 잃으며 힘들어하기보다는 뚫리지 않을 벽 뒤에서 혼자 살거나 알려지지 않은 채 사는 것이 낫다고 말합니다.

> 사방이 벽돌담으로 둘러싸인 것 같습니다. 내 안으로 들어가려면 안간힘을 써야 하지요. 많은 사람이 여기 밖에서 서로 마음을 열지만 다른 한편으론 결별할 방법도 찾더군요. 난 누구든 나를 알고 나서 나를 파괴하거나 이용해 자기네 마음대로 하도록 내버려두지 않겠어요.[34]

숀처럼 마음을 열어 자신의 약한 면을 드러내면 곧 결별하게 될지도 모른다는 두려움을 가진 소년들에게 남성다움 혹은 우월감과 힘을 소환하는 방법으로 통하는 가짜 독립성 및 정서적 거리 두기는 일종의 도피처가 되고 위로가 됩니다.

그러나 타인과 관계를 맺지 않고 정서적인 부분을 차단함으로써 거리 두기를 실행한다면 개인은 황폐해진 내면에 갇히고 이런 거리 두기를 타인에게까지 전염시키면서 또다시 스스로를 가두기 시작합니다. 그러므로 거리 두기라는 방어 전략은 상실의 악순환 속으로 들어가는 길입니다. 특히 방어벽이 무너질 경우 분노, 적대감, (자신 혹은 타인을 향한) 폭력이 분출됩니다. 아무리 상실의 고통을 누르려 애써도 소용없지요.

상실과 수치심을 남성다움 및 폭력으로 연계해 심도 있게 다룬 이론은 폭력의 원인과 예방을 연구한 정신의학자 제임스 길리건James Gilligan의 논문에서 찾을 수 있습니다.[35] 난폭한 수감자를 만나고 범죄를 저지른 정신병자를 치료하던 제임스는 극단적인 거리 두기 사례를 목격했지요. 그는 이런 사람들의 트라우마, 무시당했던 혹독한 경험이 거리 두기와 잔인함 속에 어떻게 반영되었는지를 살폈습니다. 사랑의 부재가 너무 압도적이어서 때로 사람을 신뢰하지 못하기도 합니다. 이런 사람들에게서 거리 두기 방어기제는 쉽게 눈에 띄는 현상이고, 그들에게 폭력은 가리개 구실을 했습니다. 돌봄을 받고자 하는 염원에서 자신을 보호하려는 시도였던 겁니다. 이런 감정은 너무 아프고 부끄러운 것이어서 결과적으로 잘 숨겨져 있지요. 그러나 예리하게 꿰뚫어 보는 사람 눈에는 그 난폭 행위에 담긴 의미가 선명하게 보입니다. 폭력을 휘두르며 자신의 남자다움을 확인하기도 하지만 자기도 모르는 새 흘러나온 돌봄 받고 싶다는 갈망을 묻어버릴 수도 있거든요. 돌봄을 받을 수 있는 곳이 감옥밖에 없으니 감옥으로 가는 길을 보장해주는 도구 또한 폭력이라고 인식한다는 것입니다. 결국 폭력을 행사하는 남성은 가부장제가 요구하는 남성다움이라는 암흑의 요체를 냉혹하게 비추는 거울입니다.

볼비는 연이은 연구물에서 거리 두기 방어기제가 정반대의 형태를 취할 수도 있다고 말합니다. 그는 이것을 불안한 애착이라고 명명합니다.[36] 불안한 애착을 보이는 사람은 관계를 피하거나 거리를 두기보단 타인에게 매달리듯 하는데 보통은 과도하게 순종합니다. 또한 볼비가 실제 관계를 대신하는 대체물로서 '강제적 돌봄'이라 칭한 상황으로 진입합니다.[37] '순응적 관계 맺기'[38]로서의 불안한 애착은 주도적인 자세라고 할 만한 것이 없을뿐더러 표현의 자유도 없습니다. 대리 돌봄의 형태인 강제적 돌봄을 통해 강제적 양육자는 "자각하지도 못하고 그럴 의사도 없으나 모든 슬픔과 결핍을 돌보는" 일에 열심인 듯이 보입니다.[39] 이런 식의 관계에서 사랑받는 이는 확실히 누군가가 가까이 맴돌며 기쁘게 해주려 애쓰지 않는 이상 스스로 호응하거나 접근하지 못합니다. 아직 사랑과 돌봄을 희망하지만 여전히 자신이 거부당하거나 소홀히 대접받을까 봐 몹시 두려워합니다. 불안한 애착을 보이는 이들은 타인에게 딱 붙어 공생 '관계', 즉 두 사람이 한 사람인 듯 움직이는 관계를 만듭니다. 스스로 상대에게 매몰되는 현장이지요.

단일한 한 팀으로 보호받기 위해 불안하게 애착하는 어린아이들은 자신의 자율성, 놀이와 탐색 욕구를 희생합니다. 독립적인 생각이나 느낌은 말할 것도 없지요. 허용 불가 판정을 받은 지식과 욕구 혹은 위험한 것으로 인식된 감정은 세상과는 물론이고 심지어 자신의 의식 차원과도 교류하지 않습니다. 볼비는 이런 정신적 방어기제를 '인지적 단절'[40]이라 부릅니다. 말 그대로 자신의 감정과 생각을 단절하지요. 상처 입고 분노가 생겨도 그 감정의 근본 원인에는 의도적으로 눈을 감아버립니다. 대신 분열, 무시, 삐걱거리는 관계를 오로지 자신의 결손, 무기력함, 사랑스럽지 않음의 징후로 받아들입니다. 분노와 비난의 화살이 다시 자기 자신에게로 혹은 자기보다 더 약한 상대에게로 향합니다.

표현의 자유가 없는 '완벽한' 관계를 맺고자 애쓰는 여성은 불안하게 애착하는 어린아이와 비슷합니다. 심리학자 데이나 잭Dana Jack이 지적하듯이 이런 반응은 "손실을 대비해 만들어진 보험 정책처럼 관계에 순응한다면 자기가 원할 때 파트너에게 '가까이 갈 수 있고 호응을 받아낼 수 있는' 보증수표"를 얻은 것이라고 인식한다는 점을 시사합니다.[41] 마치 상대가 원하는 모습이 된다면 거부당하지 않고 당연히 보호받을 것이라고 생각하는 것과 같습니다. 실라가 말한 대로 만약 내가 거절당한다 하더라도 실제 거절당하는 것은 나의 진짜 자아가 아니기 때문에 중요한 문제가 아니게 됩니다. 타인과 한 몸이 되는 것, 말 그대로 자아가 없어지는 것은 거절을 피하는 전략이기도 하지만 진정한 친밀성, 진정한 관계를 포기하는 전략이기도 합니다. 자아가 없는 여성은 자신과의 관계를 끊어낸 터라 사랑을 주고받는 일도 실현될 가능성이 없는 영역에 속한다고 여깁니다. 그러다 보니 가부장제의 여성다움처럼 불안한 애착은 가짜 관계를 만들지요.

여기서 나는 볼비가 주장한 불안한 애착과 그 이면에 깔린 방어기제들을 이용해 캐럴의 연구에 참여한 소녀들이 자신이 알고 있는 것조차 정말 알지 못하게 되는 이유를 설명할 수 있을지 궁금해졌습니다. 웨이의 연구에 나오는 소년들이 자주 사용하는 "상관없어요"라는 말은 분리된 어린아이가 다시 관계를 맺고자 하는 갈망을 숨길 때 보이는 것 같은 비활성화 방이를 의미합니다. 일부 소녀가 성인이 되어가면서 자꾸 "모르겠네요"라고 말하는 것은 어린아이가 자신이 어떤 감정을 왜 느끼고 있는지 모르게 되는 것과 같은 인지적 단절입니다. 볼비의 연구에 등장하는 불안하게 애착하는 어린아이와 캐럴의 연구에 참여한 소녀 모두 타인이 원치 않는다는 이유로 지식과 감정을 차단해버립니다. 그들이 두려워하는 대상인 '지식'에는 관계를 철저히 망가뜨리는 파괴력이 있다고 믿기 때문입니다.

실제 상실을 경험했거나 상실할 위험에 처했을 때 이에 대처하는 방책인 인지적 단절은 착각에 불과한 이미지를 만들어내는 데 탁월합니다. 돌봄 받는 자도 훌륭하고 그 사람과 내가 맺은 관계도 훌륭하지만 오직 나 자신만이 부족할 뿐이라는 착각을 사실처럼 만들어냅니다. 이것은 타인이 나를 함부로 대하며 우리의 관계는 사실 부족한 점투성이라는 것을 알았을 때 오는 충격을 완화하는 완충지대로 작동합니다.[42] 정신분석학자 페어베언Fairbairn은 비장하게 말했습니다. "악마가 지배하는 세상에 사느니 신이 지배하는 세상에서 죄인으로 사는 편이 낫다."[43]

볼비는 어린 자녀들이 전적으로 부모에게 의존하므로 부모를 호의적으로 보고 부모 편이 되어 부모의 견해에 반하는 가치를 강하게 거부하리라는 일반적인 통념에 반기를 들었습니다. 볼비가 관찰한 바에 따르면 어린 자녀들은 자신이 인식한 상황을 무시합니다. "사랑받지 못하거나 버려질 수도 있다는 위협에 직면하면 아이는 부모의 푸대접을 인식하지 못하는 척해야 한다고 생각한다. 혹시 그것을 인지한다 하더라도 자신이 잘못 행동하는 바람에 부모가 화가 났으며 부모 입장에서 응당 해야 할 행동을 했을 뿐이라고 받아들인다."[44]

이 대목을 읽고 나는 성인 여성으로의 진입 문턱에 선 소녀에게 가해지는 압력을 생각해봅니다. 아는 것을 모른다고 하라는 그 압력 말이죠. 볼비가 제시한 유형을 보면 관계에서 부당함이나 배반을 경험했을 때 나오는 첫 번째 반응은 왜곡 또는 순응이 아니라 항의입니다. 자신이 했던 말을 왜곡하고 세상은 그저 평탄하다고 간주하며 어떤 억울한 대우를 받더라도 그저 전부 자기 탓이라고 해버리는 단계가 있지요. 그러나 이 단계는 저항해

봤자 아무 소용이 없었거나 판단하고 불평한다고 벌을 받은 이후 혹은 무슨 수를 써도 아무런 변화가 없는 과정을 거치고 난 이후에나 나타납니다.

인지적 단절의 흔적은 우리 삶에 미치는 가부장제의 힘을 무력화해야 알아볼 수 있지요. 여성이 자신의 관점을 포기하는 것 혹은 자기 목소리를 내지 않겠다는 것은 '착한 여자'가 되어야 한다는 바로 그 개념에서 나옵니다. 불안한 애착을 보이는 어린 아이들을 관찰하면서 볼비는 독립성과 자율성의 소실을 말했지요. 그런 소실과 거의 동시에 발생하는, 관계로 흡수되는 현상은 여성스러운 선함의 상징으로 박수받고 있습니다. 자신의 목소리를 내고 자신의 관점을 주장하며 진정으로 그 관계에 현존하는 자연스런 행위가 가부장제 안에서는 못되고 이기적이고 위험하기 짝이 없는 행동으로 비쳐집니다. 볼비의 연구에 참여한 어린 아이들도 그러했지만 여성이 세상을 공정하다고 보는 한편 부당한 처우를 알아차리지 못하고 심지어 자신이 그런 처우를 받아 마땅하다고 여긴다면 그것은 여성에게 가해지는 압력이 현실적으로 과하다는 의미입니다. 불안한 애착 관계를 맺는 어린아이들처럼 일부 소녀들이 자기가 아는 것을 모르게 되는 배경에는 사랑받지 못하리라는, 그리하여 종국에는 버려질지 모른다는 위협이 도사리고 있습니다.

우리가 아직도 이런 주제를 이야기하고 있다니 놀랍습니다. 밀레니엄 시대 여성의 목소리에도 가부장제가 존재하리라고는 예상하지 않았거든요. 앵글로 아시아인이자 성공한 인권변호사인 케이티는 '이기적'이라는 말을 수시로 내뱉습니다. 그녀는 박사 학위 논문 주제를 정할 때 자기가 진짜 알고 싶은 분야를 선택하는 게 내키지 않는다고 말합니다. 그렇게 하면 '중요한' 것이 아니라 '내가 알고 싶은 것'만 앞세우는 '이기적'인 사람으로 보일 것 같기 때문입니다.

버지니아 울프가 「집 안의 천사Angel in the House」i에 관해 이야기한 것처럼 어째서 그녀는 "결코 자신의 소망이나 생각을 품지 않고 타인의 마음과 소원에 공감하기를 더 즐겨하는"[45] 19세기 여성스러운 선함의 아이콘에 빙의하게 되었을까요? 1931년 「여성을 위한 직업Professions for Women」에서 울프는 여성의 사유를 가로막는 문화는 고등교육이나 전문직에 접근하지 못하도록 공식적으로 방해하는 음모보다 더 악랄하다고 말했습니다.

울프 같은 여러 선구자 덕분에 나와 같은 세대의 많은 여성이 이전 세대 여성에게 금지되었던 교육 및 재정적 혜택을 누리고 있습니다. 울프가 그토록 강권했다시피 전문직으로, 대학으로 진출한 우리는 확실히 자신의 목소리로 발언하라는 격려를 받습니다. 그리고 때로는 과감하게 자기주장을 함으로써 보상도 받습니다. 그러나 동시에 어떤 생각, 감정, 욕구, 열망을 드러내고

i 19세기에 코번트리 팻모어Coventry Patmore가 쓴 시. 문학적 가치는 높지 않으나 당시 남성의 성적 이상형을 묘사해 인기를 끌었고 이후 버지니아 울프 등 많은 페미니스트에게 비판받았다.

불만, 좌절, 분노를 표현하는 것은 여전히 '위험천만한' 일입니다. 사실 이렇게 자신을 온전히 드러내는 여성도 많지 않지만 말이죠.

여성은 '턱도 없이 목소리만 높이고', '너무 감정적이고', 비이성적이며 어리석다는 딱지를 받기 쉽고, 농담도 못한다고 조롱받고 남성의 유머를 이해하지 못한다거나 그들의 명성에 먹칠을 하고 그들의 삶 자체를 망친다고 비난받습니다. 최악의 경우 난폭한 보복을 당하기도 합니다. 여성이 매력적이지 않아서, 지나치게 공격적이라서, 지나치게 성적이라서 같은 수많은 이유를 대며 보복을 가한 쪽이 도리어 합당하고 정당하게 대응했다고 평가합니다. 보복당하는 여성은 역설적이게도 그렇게 자기 생각을 강하게 주장하지만 않았어도 피할 수 있었을 일이라는 말을 듣습니다. 마치 앎이나 항의하는 행위 때문에 관계가 위태로워진 것이 아니라는 듯이, 마치 성장할 기회나 생존의 문제가 걸린 것이 아니라는 듯이 말입니다. 무시무시한 모순입니다.

여성은 너무 자기주장이 강하다고, 너무 요구가 많고 공격적이라고, 한마디로 이기적이라고 욕을 먹는 동시에 충분히 자기주장을 하지 않는다고 비난받기도 합니다. 여성은 왜 물러서지 않았느냐는 질문을 받기도 하고 동시에 왜 맞서 싸우지 않았느냐는 질문도 받습니다. 이 두 현상은 세상이 공정하며 가부장제는 과거의 유산일 뿐 문제는 오직 개인에게 있다는 환상을 강화합니다. 이것은 정확히 제도의 부당성을 개인의 몫으로 돌리는 논리입니다. 이

논리에 맞서며 흑인 여성 세 명이 BLM Black Lives Matter movement[i]을 이끌었습니다.

많은 여성이 기존과는 다른 삶을 살려 하지만 '관계'를 위해 자아를 희생하라고 강요하는 힘은 계속 작동하고 있습니다. 이타성은 여전히 여성스러운 선함의 필수 요소로 간주되고 있지요. 주홍글씨의 반대쪽에 놓인 전제입니다. 현대의 '천사'는 더 이상 집에만 있지도 않습니다. 빅토리아 시대 여성들의 족쇄였던 가정생활에서는 탈출했으니까요. 그러나 이타적이고 자기희생적인 돌봄에 대한 기대는 직장, 기숙사, 정치 영역에서까지도 여성을 따라다닙니다. 울프의 말을 인용하면 "매력적이어야 하고 달래고 어를 줄 알아야 하며, 직설적으로 말해 성공하려면 거짓말도 할 수 있어야 한다"[46]는 기대를 여성에게 끊임없이 주입함으로써 자신의 생각과 느낌, 지식에 관해 발언할 능력을 꺾어 놓습니다. 설령 일부 여성이 이런 특권의 영역에 진입한다 한들 그 안에서 변화를 추동해낼 능력은 계속 위축됩니다.

볼비가 강제적 돌봄을 제공하는 어린아이에게서 관찰한 돌봄 역할의 역전이란, 타인을 마지못해 돌보면서 진실로 돌봄을 받고자 하는 자신의 간절함을 드러내는 방식을 의미합니다. 대체물인 것이지요. 상대가 눈치채리라는 희망을 가지면서 말입니

i 2012년 미국에서 흑인 소년을 살해한 백인이 무죄로 풀려나면서 시작된 흑인 민권 운동이다.

다. 이런 돌봄 역할의 역전은 사회적 각본이 만든 전이인데 '착한' 여성이 되라는 압력을 받으면서 막 성인기에 들어선 소녀들이 경험하기도 합니다. 어머니로의 전환 단계에 선 여성에게도 돌봄 역할의 전이가 찾아옵니다. 이상적 모성은 어머니가 되지 않는 여성에게도 제약을 가합니다. 모든 것을 아낌없이 주는 어머니 아이콘은 모든 여성이 타인을 자애롭게 도울 것이라는 기대를 낳지요. 가족, 동료, 고객, 고용주 등 누구에게든 말입니다. 누군가의 자녀를 돌보기 위해 고용된 돌봄 제공자와 도움을 주는 직업군에 속한 많은 사람은 저임금으로 일해도 된다고들 말합니다. 돌봄을 제공하는 사람에게는 선함 그 자체가 보상이니 더 이상의 대가를 받을 필요가 없다는 가설 때문이지요.

볼비는 강제적 돌봄이야말로 우리 모두가 갈망하고 필요로 하는 사랑과 돌봄을 받지 못하게 막는 장애물이므로 병리적 현상이라고 진단했는데[47] 캐럴도 볼비와 같은 주장을 했습니다. 캐럴은 타인을 자애롭게 돌보라는 여성스러움의 명령이 관계 맺기를 막는 장애물이라고 말합니다. 여성스러운 돌봄을 구현하려면 자아를 가져선 안 되기 때문이지요. 자아 없이 돌봄을 행하면 자기 목소리를 갖지 못하게 되고 자신의 경험, 생각, 감정, 욕구, 신념을 신중하게 생각하지 못하게 됩니다. 자아 없이 소위 이타적으로 돌보기만 하는 자를 여성스러움의 아이콘으로 혹은 이상형으로 떠받드는 가부장제 문화는 여성에게 '관계'를 위해 진정한 관계 맺기를 포기하도록 부추깁니다. 자신이 관계에 몰입하지 않으면서 누군가를 돌보는 것은 진정 불가능한 행위입니다. 달리 말해 돌봄을 받는 이와 관계를 맺지 않고 돌보는 것은 불가능하다는 말이지요. 가부장제는 돌봄의 행위에 필요한 지성과 능력을 무시하면서 돌봄 행위자가 저임금을 받는 것을 당연하게 여깁니다.

나는 이 부당함에 맞서기 세미나에 참여하면서 친구들과 낭만적 관계에 대해 많은 대화를 나누었습니다. 남성과 관계를 맺으면서 성격이나 습관이 달라진 과정을 애도하는, 영리하고 다소 인정받는 삶을 사는 여성들이었습니다. 그들은 자신이 진정 누구인지 질문합니다. 그리고 '자신에게 푹 빠져 자신이 정작 포기했던 자아를 대신 발견해줄 이성애자 남자'를 갈망합니다. 반복해서 말하고 싶지는 않지만 사실이 그렇습니다. 밀레니엄 시대 여성들과 내가 암묵적이건 명시적이건 끊임없이 들어왔고 앞으로도 계속 들을 메시지, 즉 여성은 자신의 욕구를 부정함으로써 타인의 욕구를 충족시키고 그 과정을 통해 자신의 욕구를 충족한다는 말을 생각합니다. '관계'를 형성하기 위해 적당히 타협한 자아 개념은 보다 강력한 타인을 인정하고 그를 사랑함으로써 복원될 수 있다는 것입니다.

내가 이런 가부장제 각본을 되풀이하다니 믿고 싶지 않습니다. 나를 비롯해 많은 전문직 여성이 상당한 성과를 내고 어느 정도 페미니즘이 성공을 거두었음에도 여성의 솔직한 목소리는 '이기적'이고 자기밖에 모르고 너무 시끄럽고 너무 말이 많다는 이유로 수치스러움의 표적이 됩니다. 여성들 사이에서도 자아 없음을 이상화하다 보니 어쩔 수 없이 방어책이 필요한 상황이 생깁니다. 진정한 관계를 향한 열망은 '관계'를 위해 희생되어야 하고 그 와중에도 여성들은 남들에게는 들리지 않는 절박함과 욕구와 관점이 충족되리라는 희망을 갖습니다. 이런 가부장제 각본은 볼비가 강제적 돌봄을 제공하는 자에게서 확인한 대리 모델과 동일한 방식으로 작동합니다. 즉 돌봄을 받는 사람이 돌봄을 주는 사람을 대변합니다. 이와 동일한 맥락에서 여성들이 갖가지 미묘한 방식으로 듣는 말들이 있지요. 스스로 마다한 즐거움은 배우자, 자녀 혹은 다른 사람들의 삶을 통해 대리 체험하면서 보상받을 수 있으며 그것이야말로 '자아 없이' 돌봄을 행하는 명분이라는 이야기 말입니다.

우리는 더 크고 중대한 사실을 발견합니다. 애착 이론가들은 상실에 대비하는 두 가지 방어 전략을 알아냈습니다. 불안한 애착 혹은 강제적 돌봄, 회피성 애착 혹은 강제적 자기의존이 그것입니다. 이 두 가지는 서로를 투사하는 시스템을 구축하기 위해 동시에 작동할 수도 있습니다. 예컨대 동료 집단에서 회피자는 동료를 괴롭히는 역할을 맡고 불안한 애착자는 희생자가 될 수 있습니다. 각자 자신에게 결핍된, 그래서 남이 가진 것을 부러워하며 결코 포기할 수 없는 자아에 대한 욕망을 상대에게 투사하는 것이지요. 괴롭힘을 가하는 쪽은 피해자에게 취약성, 인정받고자 하는 욕망, 감히 스스로 받아들이지 못하는 슬픔을 투사하는 반면 피해자는 가해자에게 자신의 것이라 감히 주장하지 못하는 자기주장과 권력을 투사합니다.[48] 친밀성의 초석이기도 한 상호 관계는 상보성 관계로 바꿔치기 되었습니다. 상보성 관계란 스스로 인정할 수 없거나 받아들일 수 없는 것을 무의식중에 상대방에게서 발견하려 하는 관계를 의미합니다.

남성과 여성의 상보성을 기반으로 이중 규범을 만든 가부장제 문화가 그러한 상호 투사 시스템에 기반하고 있다는 점이 가히 충격적입니다. 남성은 늘 존재함에도 존재 자체를 부인하는 자신의 취약성과 돌봄에 대한 욕구 같은 감정을 투사할 만한 그릇이 되라고 여성에게 압력을 가합니다. 남성의 취약성과 의존성을 담을 그릇이 되기 위해 여성은 스스로를 돌볼 여지를 포기해야 하지요. 남성은 강력하고 무너지지 않는 존재라는 생각이 여성에게는 그릇이 됩니다. 그 그릇 안으로 여성은 그동안 무시하고 부인하도록 압력받아온 자신의 모든 욕구와 능력을 쏟아붓습니다. 이것은 남성이나 여성의 입장에서 그릇이 되라는 압력을 거부하거나 그것에 저항하면 반발과 비난이 날아오는 이유를 설명합니다. 그 반발은 우리를 계속 기습 공격하는 권력입니다.

이 글을 쓰면서 나는 가부장제 문화 안에서 여성 해방을 향해 발걸음을 옮기던 모든 순간을 남성이 어떻게 상실의 위협으로 인식해왔는지 생각해봅니다. 여성이 이타적인 돌봄을 제공하는 자로서의 위치를 수용하면서 자신이 하는 일은 드러내지 않고 자신의 욕구는 존재하지 않는다고 주장하는 한편, 남성 내면에

상존하지만 본인이 의도적으로 무시하면서 고사 직전까지 내몬 돌봄에 대한 욕구를 대신 채워주는 한, 남성은 돌봄을 갈망하는 자신의 욕구를 소환할 필요가 없지요. 어떤 욕구가 충족되지 않을 때라야 그 욕구가 있음을 충분히 인식하기 때문입니다. 자유를 얻기 위한 여성들의 투쟁은 남성이 수치스럽다고 여긴 감정을 다시 각성하도록 부추길 수 있습니다. 남자가 되면서 감추어야만 했던 사랑과 연민에 대한 절실함 말이죠. 이런 시각에서 보면 페미니즘을 향한 폭력과 반발은 여성이 해방되면 현재의 지위와 권력, 명예를 잃을 것이라는 남성의 두려움을 반영합니다. 게다가 여태까지 남성이 어떤 식으로든 부인할 수밖에 없다고 느껴왔던 욕구를 어떻게 여성이 대신 담아내고 감추는 역할을 도맡아왔는지 드러날 것이 뻔하지요. 이런 의미에서 폭력 및 폭력의 위협은 취약성과 갈망이라는 수치스런 감정을 추방하는 방법이 되었습니다. 또한 여성을 떠나지 못하게 막으려는 절박한 시도이기도 했고요. 폭력을 휘두르는 남성과 관계 맺은 여성의 경우 그녀를 가장 큰 위험에 빠뜨리는 행위는 그를 떠나는 것입니다.

요약하면 볼비의 연구는 절망의 경험, 즉 관계의 분리를 겪고 그 관계가 되살아날 가능성이 상실되는 경험을 한 이후 두 가지 방어 패턴이 생기는 과정을 보여줍니다. 공생 관계와 다름없는 애착 그리고 관계에서 거리 두기입니다. 이제 우리는 이 두 가지를 위조된 관계, 위조된 독립성이라 부릅니다. 관계 맺기와 관련된 이 방어 패턴은 궁극적으로 일단 잃어버린 것은 다시는 되찾을 수 없다고 위협하는 참을 수 없는 위압감으로부터 몸을 방어하려는 기제라 하겠습니다. 두 가지 방어책 모두 불가피해 보이는 상실의 고통에서 자신을 지키기 위해 진정한 관계를 희생해야만 사용할 수 있는 방식입니다. 따라서 우리는 '관계'를 위해 관계를 기꺼이 포기합니다. 상실의 심리학과 가부장제의 지속성 사이에는 이와 같은 연결 고리가 존재하는 것이지요.

이것을 염두에 두고 이제 세 가지 진실로 넘어가겠습니다.

피해자이며
수호자이기도 한

✦ 캐럴

우리가 발견한 첫 번째 진실은 동료와 내가 소녀들의 성장에 관해 연구하며 목격한 저항의 궤적이 볼비가 설명한 상실의 궤적과 유사하다는 것이었습니다. 건강한 저항에서 정치적 저항으로, 그 후 심리적 저항으로 이어지는 과정과 거의 일치하더군요. 결론은 분명해 보였습니다. 가부장제 안으로 들어서는 순간부터 상실과 마주합니다. 우리는 상실을 더욱 깊이 들여다보았습니다. '관계'를 갖기 위해 관계를 희생하는 것, 그것은 가부장제 질서로 입문하는 대가였습니다.

작동 원리 역시 분명해 보였습니다. 젠더 이분법은 '이성, 지성, 생각'(남성다움)을 '정서 혹은 감정'(여성다움)과 따로 떼어냄으로써 안토니오 다마지오, 조지프 르두Joseph LeDoux[i] 같은 신경과학자들이 증명한 생각과 정서의 중요한 관련성을 무시합니다. 그 관련성이란 트라우마가 없는 상태에서 신경학적으로 배열된 관계를 말하지요.[1] 다마지오는 저서 『데카르트의 오류』에서 이성과 감정을 분리하는 것은 우리에게 성장이 아니라 트라우마가 된다고 설명합니다. 합리성의 필수 요건은 감정의 때가 묻지 않은 이성이라고 간주해왔지만 이것이 도리어 상처였다는 사실이 드러났습니다.

자아(남성다움)와 관계(여성다움)를 분리하는 것도 마찬가지입니다. 타인과 호응하며 관계를 맺고자 하는 열망과 실제로 관계 맺을 수 있는 능력은 타고난 것이다 보니 아무리 퇴화했다 하더라도 흔적은 남아 있습니다. 따라서 독립과 성숙으로 간주되었던 관계와 자아의 분리는 사실 상실의 트라우마와 만날 수밖에 없지요. 이런 의혹을 확인시켜준 것이 볼비의 크나큰 공로입니다.

신경과학과 애착 이론이 이렇게 발전하기 전까지만 해도 트라우마는 본성의 탈을 쓰고, 성장의 일부로 왜곡되었습니다. 오이디푸스 신화를 이야기하면서 그 기원에 트라우마가 있다는 사실을 그 누구도 말하지 않았습니다. 그러다 보니 젠더 이분법과 위계질서로 무장한 가부장제는 자연의 질서로 추앙받았습니다. 소녀들의 성장 연구 덕분에 그들의 저항이 조명받기 전까지

i 조지프 르두는 기억, 정서와 관련된 뇌의 작동을 연구한 과학자이다.

는 그랬습니다. 자아와 관계가 분리되었을 때 소위 소녀들에게 나타나는 문제라 언급된 것을 면밀히 조사해본 결과 그것은 소녀들의 정직한 목소리를 침묵으로 몰아간 가부장제 문화로 인해 생긴 문제였습니다. 소녀들에 관한 연구는 심리적 성장이라 간주하던 현상의 핵심에 심리학적 논리가 없다는 사실을 폭로했습니다. 목소리를 갖는 것과 관계를 맺는 것 중에 양자택일해야 한다니, 말도 안 되는 논리였던 겁니다. 게다가 아주 영리한 소녀들은 이 현상에 관해 나름대로 평가를 내리기도 합니다. 열세 살인 누라는 '완벽한 관계'는 "싸움도 없는 관계여서 다투지도 않고 '그래요, 당신 말이 모두 다 맞아요'라고 하는 것과 같다"[2]고 말합니다. 눈치챘겠죠? 누라는 빈정거리는 투로 말했습니다.

이것은 이제 비밀도 아닙니다. 타인의 감정을 배려한다는 명목으로, 잔잔한 호수에 파문을 일으키지 않기 위해, 갈등을 일으키거나 이기적으로 보이지 않고 무례하거나 불쾌한 모습을 보이지 않기 위해 여성이 되어가는 소녀들은 자기주장도 하지 말고 싸우지도 말고 그저 "완전히 상대의 뜻에 수긍하라"는 압력을 받습니다. 그들은 수천 가지 방식으로 혹은 다소 절묘한 방식으로 스스로를 관계에서 배제하라는 말을 듣습니다. 자신의 내면을 드러내는 정직한 목소리, 진정한 감정을 전하는 목소리, '진짜' 그들이 생각하고 느끼고 원하는 것을 말하는 목소리를 소거하라는 메시지죠. 그렇게 자아를 침묵시키고 관계를 희생한 대가로 축복을 받습니다. 명예, 부, 결혼, 직업, 장학금처럼 그 목록은 끝이 없지요. 이것은 『템페스트』에서 여신이 미란다에게 약속한 품목이기도 합니다. 에밀리 디킨슨은 이렇게 썼습니다. "우리 뒤에 감추어진 우리가/ 가장 놀라운 존재가 되어야 한다."[3] 안네 프랑크는 일기에서 이렇게 고백합니다. "난 말하자면 이중인격자다. 그 어떤 것에 대한 나의 생각과 느낌을 한 번도 제대로 말한 적이 없다."[4]

소녀들에게 초점을 맞추다 보니 관계에서 전략적으로 후퇴하는 소년들의 내면도 알아보기 쉬워졌습니다. 주디 추가 지적했듯이 그들은 정서적 민감성과 돌봄 받고자 하는 욕구를 은폐하며 다른 소년들과의 친밀한 우정에서 멀어집니다. 깊은 비밀을 공유하던 우정인데 말입니다. 니오베 웨이는 우정에 관해 어떻게 생각하느냐고 물으며 핵심에 접근합니다. 깊은 비밀은 사실 비밀이 아니었습니다. 그저 묻고 경청하면 되는 것이었지요. 말로 표현하지 않는 것에 귀 기울이고, 바로 우리 눈앞에 있는 것을 보지 못하게 가로막는 문화적 틀을 걷어내고 그 안에 숨겨진 진실을 들을 귀가 있으면 알 수 있는 것이었습니다. 또한 한두 가지 질문만으로도 진실한 대답이 나올 수 있음을 수용하는 자세가 필요하지요. 다시 말해 다른 시선으로 보면 선명해지는 것들을 알아볼 수 있으면 됩니다.

사실 이 글을 쓰면서도 여전히 가부장제에 관해 이야기한다는 사실이 석연치 않네요. 어쨌거나 가부장제라는 말을 입에 올리기가 창피합니다. 어쩌면 가부장제에 관해 이야기하는 것이 곡해의 수렁으로 걸어 들어가는 것과 같기 때문일지도 모르겠습니다.

이런 점에서 진실이 선명하게 드러났습니다. 젠더 이분법과 위계질서에 이끌려 성인 세계로 입문하고 싶지 않은 아이들은 상실을 경험했을 때와 동일한 반응을 보입니다. 저항으로 시작해서 절망한 후 거리를 두는 식이죠. 가부장제는 저항과 거리 두기의 과정 사이에 많은 것을 쏟아붓습니다. 즉 사랑을 배신하게 하거나 자아를 침묵시키는 등 관계 맺는 과정에서 상실을 겪게 합니다. 그것은 위계질서의 보존에 방해되는 장애물을 제거하는 작업이라 하겠습니다.

구체적으로 말해보겠습니다. 남자아이가 울면 비웃음을 받거나 놀림감이 되지요. 여자아이가 자신의 감정이나 생각을 말하면 배척당합니다. 가부장제 각본과 암호가 관계를 해체하는 열쇠를 쥐고 등장합니다. 이런 일이 일어날 때 아이들을 자세히 보세요. 표정에서 즐거움이 사라지고 목소리가 변합니다. 일단 입문 과정이 완료되면 관계 맺기에 대한 그들의 태도는 가부장제의 남성다움이나 여성다움이 가리키는 방향과 같아집니다.

관계에서 오는 상실은 성장하려면 어쩔 수 없이 치러야 할 희생이나 대가로 정당화됩니다. 의존에서 독립으로, 무례함에서 정중함으로 성장하는 것이라 주장합니다. 그러나 가부장제의 젠더 규정에 동조하는 이런 과정은 저항에 부딪힙니다. 관계 지능이 타협함에 따라 우리는 우리가 그토록 원하고 필요로 하는 관계를 잃습니다. 수많은 연구에서 건강과 장수, 심지어 수학에 대한 불안감을 없애는 것과도 관련 있다고 밝힌 바로 그 관계를 말입니다.[5]

관계의 상실에 맞서 건강하게 저항하다가도 어떤 힘에 의해 갈등에 휩싸이는 시점이 옵니다. 그 힘은 소년들에게 관계를 기꺼이 포기하게 하고, 소녀들에게는 순응하게 하는 바로 그 힘입니다. 건강한 저항은 정치적 저항으로 바뀝니다. 그러나 아무런 공명도 얻지 못하고 위협과 위험에 노출되면 정치적 저항은 심리적 저항으로 변형됩니다. 자신이 무엇을 아는지조차 알려 하지 않는 행위는 절망에서 거리 두기로 가는 길을 열어줍니다.

이렇게 보았을 때 네 살에서 일곱 살까지의 어린 소년들, 열한 살에서 열네 살 사이의 어린 소녀들, 청소년기 중반에서 후반에 속한 소년들 사이에서 심리적 고통의 징후가 급증하는 것은 충분히 있을 수 있는 일입니다. 관계에 위협을 받고 심리적으로 위기에 처하는 입문의 시점이기 때문이지요. 이들에게서 나타나는 징후나 징표는 어린아이들을 대상으로 하는 직업을 가진 사람들에겐 친숙한 현상일 것입니다. 여섯 살에서 일곱 살가량 되는 일부 소년에게서 학습, 집중력, 언어 관련 장애가 급격히 증가하고 정서적 호응도는 떨어집니다. 청소년기 이전까지는 소녀보다 소년에게서 우울 증상이 더 많이 보입니다. 청소년기에 접어들면서부터 소녀의 우울증이 급상승해 때로 섭식 장애, 자해 같은 난폭한 행위로 표출됩니다. 청소년기 중반에서 후반에 해당하는 소년에게선 자살 혹은 몇 가지 치명적인 행위의 발생률이 높아집니다. 이런 심리적 고통의 증상은 볼비가 관찰한 절망과 거리 두기의 지표로 볼 수 있습니다.

두 번째 진실은 이것입니다. 볼비가 상실에 대항하는 병리적 방어책이라 말한 거리 두기의 두 가지 형태는 가부장제가 이상화한 남성다움과 여성다움이기도 합니다. 불안한 애착 혹은 강제적 돌봄은 자아가 없는 착한 여성이 보여주는 위조된 관계성이며, 거리 두기 혹은 강제적 자기의존은 영웅적 남성에게서 볼 수 있는 위조된 독립성과 다름없지요. 볼비의 관찰 결과에 따르면 취약성을 표현하지 못하도록 적대시하는 환경에서 거리 두기는 위조된 독립성이라는 허울을 뒤집어씁니다. 이는 소년들에게 해당됩니다. 반면 안전하지 않거나 압도당하는 관계에서, 즉 자유를 표현하는 것이 적대시되는 환경에서 거리 두기는 위조된 관계성이라는 탈을 씁니다. 이는 소녀들에게 해당되지요.

그러므로 전통적 시각에서 정상적인 젠더 성장 과정으로 간주하던 변화는 더욱 정확하게 말하면 상실에 대한 병리적 반응이라고 해야 합니다. 위계질서의 구조와 정치학을 고수하고 억압을 정당화하는 데 문화가 상당히 중요한 구실을 하는 것은 말할 필요도 없습니다. 관계를 젠더로 가르는 이런 구조는 심리적인 기능까지 도맡기도 합니다. 회복될 것 같지 않고 견딜 수 없어 보이는 상실의 경험에서 우리를 보호하는 것이지요. 더구나 이런 방어적 기능은 여성다운 선함과 남성다운 명예라는 도덕성을 걸고 종속과 지배, 침묵과 폭력을 지속시킵니다.

가부장제의 이중 구조로 입문하면 사유와 감정, 자아와 관계가 분열되니 거리 두기나 불안한 애착의 형태를 취하는 수순을 밟습니다. 이런 분열로 말미암아 우리는 말 그대로 남성다움과 여성다움에 얽매이느라 타인과 통합된 관계를 맺으며 살아갈 능력을 잃어버립니다. 이때 입는 피해는 아예 인식의 망에 잡히지도 않습니다. 가부장제가 우리 삶에 끼치는 영향을 보면 이는 명확합니다. 가부장제가 할퀴는 상처를 느끼지 못하거나 생각해보지도 않는다면 설령 상처를 인식한다 하더라도 그때 파생되는 고통에는 완전히 무감각해집니다. 이런 식으로 마비될 때 우리는 가부장제가 지속되지 못하도록 막기 위한 그 어떤 행위도 시도할 수 없게 됩니다.

애덤은 말합니다. "누군가가 '나를 움직이는 힘이 아이스킬로스의 비극 3부작 『오레스테이아』에 등장하는 바로 그 힘'이라고 말했다면 어이가 없어 크게 웃어버리거나 아니면 어리둥절해했을 겁니다." 트럼프는 자신이 행한 인종차별주의, 여성혐오, 동성애혐오 등에 관해 반박의 여지가 없는 증거가 나와도 그것을 인정하지 않습니다. 이런 광경을 목격하면서 우리가 사는 세상의 부당함을 인식하는 것이 얼마나 어려운 일인지, 그것이 우리를 얼마나 불쾌하고 혼란스럽게 만드는지 다시 확인합니다. 재키와 애덤은 자신이 하고자 하는 것과 그것을 실행하는 방식 사이의 단절에 의문을 제기하는 사람들입니다. 그들은 사회가 전달하는 메시지를 수용하기만 한다면 내적·외적 갈등을 피할 수 있다는 회유나 압박에 대항합니다. 대개 우리는 자신의 행동을 합리화하며 다 나를 위한 행위였노라 위안하기 쉽습니다. 가령 평지풍파를 일으키지 않아서 다행이라거나 강간은 가해자의 인생을 망칠 만큼 나쁜 것이 아니라거나 우정의 상실을 그저 성장에 따르는 당연한 과정이라고 간주하면서 기꺼이 눈을 감아버립니다. 그렇게 되면 가부장제가 지속됨에 따라 위해성 역시 높아진다고 치열하게 논쟁할 이유 자체가 없어질 뿐 아니라 아예 그런 인식과도 멀어집니다.

볼비의 연구에 등장하는 일부 어린아이들처럼 세상은 공정하며 우리를 잘 보살펴준다고 보는 사람들이 있습니다. 세상이 자신의 필요에 잘 맞춰주고 호응한다고 여기지요. 그들에게 남성다움과 여성다움이라는 가부장제 규범은 현실이라기보다는 오래된 유물처럼 보일 수 있습니다. 또는 가부장제 규범을 당연시하며 상황을 있는 그대로 비추는 거울 혹은 그래야 하는 방향으로 이끄는 등대라고 볼 수도 있겠군요. 신의 의지를 나타낸 것이라 여기는 사람도 있을 정도입니다. 의식적으로 가부장제의 서술을 거부하는 이들조차 자신에게 비난의 화살을 돌리지 않기란 매우 어렵습니다. 자신이 이상에 따라 살지 못한 이유가 그동안 깨고 싶지 않은 관계를 단절하라는 사회적 압력에 응한 탓이라고 생각하기보다는 개인의 유약함 탓으로 돌리기가 더 쉽지요. 그들은 애덤이 가부장제의 틀, 남성다움이라고 말한 것 또는 재키가 여성다움이라 부르는 세력의 위력을 보지 못합니다.

많은 사람이 내 글을 읽으며 '다른 목소리'가 한때 가부장제가 규정한 '여성스러움'에 가깝게 들릴 뿐인 그저 한 인간의 목소리임을 인정하는 대신 여성의 목소리라고 쉽게 단정합니다. 마찬가지로 내 연구를 본질주의라고 묵살하고 그 책의 핵심인 문화 비판은 간과합니다. 소녀들 간의 분열에 초점을 맞추고 그것이 소녀들에게서 나타나는 자연스런 현상이라고 주장하지요. 그러나 그 소녀 중 일부는 젊은 여성으로 성장할 즈음 관계를 끊게 하고 급기야 자기 자신과도 단절하게 만드는 집요한 문화적 틀을 거부합니다. 즉 소녀들은 다른 여성들에게 등을 돌리며 자기 자신을 남성과 동일 선상에 두라는 가부장제 명령을 거부합니다. 물론 이들의 저항에 합류하기보다는 이들의 선택을 깎아내리는 편이 더 손쉽긴 합니다.

가부장제에서의 젠더 역할, 명예로운 남성다움과 선한 여성다움이라는 규정 및 각본은 관계를 복원할 능력에 재갈을 물린 후 소년과 소녀에게 더 이상 저항하지 말고 거리 두기로 전선을 바꾸라고 강요합니다. 서서히, 은밀하게 퍼져나가는 이런 현상이 바로 우리가 발견한 세 번째 놀라운 진실입니다. 남성다움과 여성다움은 관계에 생긴 큰 균열을 회복하는 데 반드시 필요한 인간의 능력을 수치스럽게 여깁니다. 관계에 머물 수 있는 능력, 갈등과 다름의 경계를 넘나들 수 있는 능력을 망가뜨립니다. 더 구체적으로 말해 가부장제의 남성다움과 여성다움이 구축되면 저항은 수치스런 행위로 치부됩니다. 남자답지 못하고 착한 여성이 할 일은 아니니까요. 그만큼 그들의 회복 능력은 마비됩니다. 소녀의 정직한 목소리는 날카롭고 무례하고 어리석고 이기적이고 난잡하고 미친 소리로 들립니다. 사랑과 배려를 갈구하고 돌봄과 관심을 요구하며 자신의 취약함을 드러내는 소년의 목소리는 경멸의 대상으로, 조롱거리로 전락하지요. 젖먹이같이 약해빠졌다거나 수동적이고 의존적이며 계집애 혹은 동성애자 같다고 말이죠.

벨 훅스는 자신의 논문 「가부장제 이해하기」에서 가부장제의 남성다움으로 인해 관계가 회복할 수 없을 정도로 파탄에 이르는 방식을 정확하게 포착합니다.[6] 훅스는 "고통을 느끼게 한 후 그것을 무시하도록 강요하는 방식"[7]으로 가부장제가 소년들을 세뇌시킨다고 설명합니다. 소녀들에게도 이와 유사한 방식이 적용되는데 그들에게는 분노를 느끼게 한 후 그 분노를 거부하도록 만듭니다. 훅스는 가부장제의 젠더 규정이 어떤 식으로 자신의 성장기를 지배했는지, 그녀와 그녀의 남동생이 "어떤 정체성을 가진 인간이 되어야 할지"[8]를 어떻게 결정했는지 성찰하며 이 작동 원리를 정확하게 짚어냅니다.

> 남동생은 남자는 자고로 감정을 표출하면 안 된다는 가르침을 받았다. 나는 여자는 감정을 표현할 수 있고 또 표현해야만 한다고 배웠지만 그때 허용되는 감정은 극히 일부에 지나지 않았다. 여

자아이라는 이유로 소위 말하는 남자아이 전용 장난감을 주지 않길래 화를 냈더니 분노는 여성이 품을 감정이 아니니 표현해서는 안 될뿐더러 뿌리째 뽑아야만 한다는 가르침을 받았다. 가부장제가 작동되는 가정에서 내려오는 훈육이었다. 내 동생이 나와 같은 이유로 화를 낼 때는 분노를 표현하는 건 좋지만 언제 적대감을 내보여야 가장 좋은지를 배워야 한다는 가르침을 받았다. 어려선 분노를 내보이며 부모의 뜻을 거스르는 것이 칭찬받을 일이 아니었으나 동생이 성장하고 나니 분노가 받아들여졌다. 분노로 폭력을 행사하는 것은 가정과 국가를 지키는 데 도움이 된다는 가르침을 받았다.[9]

화가 치밀어 오르는 이런 기억을 떠올리며 훅스는 인종 차이나 계급 차이가 젠더 불평등에 중요한 영향을 미치긴 하지만 가부장제 가정에는 공통된 특징이 있다는 사실을 일깨웁니다.

볼비는 정신이 관계의 상실에 더 이상 저항하지 않는 시점, '관계'를 위해 관계를 포기하는 시점은 저항이 절망적으로 보이고 상실이 불가피해 보일 때라고 이야기합니다. 회생의 희망이 있을 때에만 항의할 수 있지, 희망이 없을 때는 결국 정치적 저항의 특성을 띤 건강한 저항이 절망에게 길을 양보하고 거리 두기로 나아갑니다.

저항의 가능성이 아주 없어진 것은 아니지요. 소녀들의 성장 연구에 참가한 열한 살 소녀 테시는 "싸워야 관계가 지속될 수 있다"고 설명합니다. 그래야 "상대가 무슨 감정을 갖고 있는지" 알고 그래야 "그 감정을 다치지 않게 하는 방법"을 배우기 때문입니다.[10] 소녀들을 '착하거나 못된' 두 부류로 가르는 고정관념과는 대조적으로 테시처럼 아직 청소년기에 이르지 않은 소녀들은 인간 세상에서 자연주의자 같은 역할을 맡습니다. 테시는 상대를 알아가는 과정이 어떠한가에 따라 관계가 적극적으로 변한다고 설명합니다. 상대의 감정을 배워야만 합니다. 그래야 상대의 감정을 상하지 않게 하는 방법을 발견할 테니까요. 그 반대의 경우도 마찬가지입니다. 당신이 생각하고 느끼는 바를 표현해야 상대도 당신의 감정을 상하지 않게 하는 방법을 배울 수 있습니다. 게다가 이 둘은 서로 연관되어 있습니다. 당신의 생각이나 감정에 정직할수록 상대 역시 당신에게 자신을 더 정직하게 드러냅니다. 우리는 타인의 감정을 상하게 하는 방법도 배울 수 있습니다. 그러나 테시는 관계가 지속되기를 바란다면 누군가의 감정을 상하게 하는 일은 피해야 한다고 말합니다.

테시를 통해 우리는 관계를 지속하고 싶다면 자신의 진정한 생각과 감정을, 심지어 분노까지도 반드시 표현해야 한다는 점을 배웁니다. 여성에 관한 다양한 문헌을 살펴보면 테시의 말과는 매우 다른 그림을 발견하게 됩니다. 2008년에 실시된 '화를 내는 여성은 앞서갈 수 있는가'라는 연구에 따르면 화를 내는 남성은 보상받지만 화를 내는 여성은 남녀 모두에게 무능력하고 권력의 자리에 오를 자격이 없다는 평가를 받습니다.[11] 이 조사에서 연구자들은 인종, 계층, 종교 변수를 젠더와 교차 분석하지 않았으나 우리는 압니다. 백인이 아니면서 화를 내는 여성이 훨씬 더 사납고 변덕스러워서 받아들일 수 없다는 평가를 받습니다.[12] 연구를 통해 우리는 여성의 동등성, 동등한 대우를 받을 여성의 권리를 옹호하고 이를 수용하는 문화에서조차 여성이 적극 차별받는다는 사실을 새삼 깨닫습니다. 특히 화를 내는 여성은 표적이 됩니다.

정치에서도 마찬가지입니다. 2010년에 진행된 한 하버드 연구를 보면 연구 참가자들은 권력 지향적이고 주도적인 성향을 보이는 여성 정치인일수록 공동체 이익과는 무관한 정책을 입안한다고 판단했습니다. 그런 정치인은 지역사회에 돌아갈 지원을 축소하거나 그것에 그다지 관심을 갖지 않으므로 도덕적으로 비난받아 마땅하다는 평가를 받았습니다.[13] 참가자들은 이런 성향이 남성 정치인에게 나타날 경우 더 능력 있고 더 주체적이라고 평가했습니다. 가부장제의 틀 안에서는 여성이 주체성과 분노를 표현하고 자신이 믿거나 원하는 바를 위해 투쟁하는 것을 이기적 행위로 간주하며 여성이 이렇게 행동하면 관계에서도 불화가 생긴다고 이야기합니다. 큰 맥락에서는 젠더 동등성이 실현되는 방향으로 변화가 일어나고 있지만 여성스러운 선함의 중심에는 자아 없음이 버티고 있습니다. 여성이 권력을 추구하거나 주체성을 보이면 이기적이고 배려심 없고 도덕적 결함이 많다고 낙인찍힐 위험에 처합니다.

대통령 후보로 나온 힐러리 클린턴이 선거 운동 당시를 회상하며 말했습니다. "대통령인 한 남성을 보좌하다가 나 자신이 대통령을 하겠다고 나서자 부정적인 의견과 공격, 빈정거림이 파도처럼 밀려들더군요. 성공을 향해 나아가는 여성이라면 이런 상황에 부딪히기 마련입니다. 나 역시 휘청거렸습니다."[14] 대통령 선거에 출마하기 전 버락 오바마 정부에서 국무장관으로 재직하며 충실한 공복으로 칭송받고 사람들에게 상당히 좋은 평가를 받았다는 사실은 쉽게 잊힙니다.[15]

가부장제 문화에서는 특히 정치 영역과 공적 영역에서 여성들의 저항을 무기력하게 만드는 일이 흔히 일어납니다. 고전학 연구가 메리 비어드Mary Beard는 2017년에 저서 『여성과 권력: 선언문Women&Power: A Manifesto』에서 고대 그리스에서 현대까지 이어진 일련의 연결 고리를 추적했습니다. 비어드는 강간당한 후 혀까지 잘린 필로멜라Philomela[i]부터 상원의원 엘리자베스 워런Elizabeth Warren[ii]의 경우까지 순차적으로 훑으며 이 여러 이야기 사이에서 유사성을 도출합니다. "여성을 침묵시키는 일에 관한 한 서구 문명은 수천 년의 관행을 갖고 있다."[16] 심리적 차원에서 여성을 공격하고 비난하고 침묵시키는 문화의 힘을 탐색한 메리

i 그리스 신화에 등장하는 아테네 공주. 언니 프로크네의 남편인 테레우스에게 강간당하고 혀를 잘린 뒤 언니와 함께 테레우스의 아들 이티스를 죽여 복수한다.

ii 하버드대학교 법학대학 파산법 전문 교수를 지냈으며 상법과 관련해 매우 자주 인용되는 학자 중 한 명이다. 2019년 현재 민주당 소속 상원의원이며 대선주자로 거론되기도 한다.

비어드의 연구에 우리가 발견한 사실을 하나 덧붙입니다. 그것은 항의의 목소리, 분노한 희망의 목소리입니다. 이는 가부장제를 지속시키려면 반드시 틀어막아야 할 대상이기도 하지요.

남성은 공적인 영역에서 발언할 자유를 훨씬 더 많이 누리지만 그들이 말하도록 허용된 내용, 그것을 말해도 되는 방식, 그들의 목소리는 문화의 제약을 받습니다. 특히 여성스럽다고 낙인찍힌 것을 표현할 자유, 자신의 취약함이나 관계 맺으려는 욕망은 제약의 대상인 것이죠.

니오베 웨이는 연구에서 소년이 다른 소년에게 느낀 정서적 친밀함이 의도치 않게 배어 나오는 순간 이를 얼버무리기 위해 자신은 "동성애자가 아니"라고 말한다는 사실을 발견합니다.[17] 웨이는 정서적 친밀성을 표현하는 데는 개인차가 있지만 대단히 중요한 패턴이 모든 소년에게 나타난다는 사실을 밝혀냅니다.

청소년기 초기에 연구에 참여했던 소년 중 4분의 3이 다른 소년과 친밀한 관계를 맺고 싶다고 말했습니다. 이 친구들은 서로 비밀을 말할 수 있고, 취약한 부분을 비웃지도 배신하지도 않을 것임을 자신했습니다.[18] 이 소년들은 남성다움의 고정관념을 압니다. 마초가 되게 해달라고 반복해서 기도하지요. 다른 소년들과 친밀한 관계를 유지하고 공개적으로 친밀한 관계를 맺고 싶다고 말하면서도 이 말에 반발하는 등 경계선에 서 있습니다.[19] 신뢰는 저항에 중요한 요소임이 입증되었습니다.

그러나 청소년기 후반으로 가면서 이런 모습에도 변화가 생깁니다. 친한 친구에 대한 사랑을 '인간이 가진 본성'[20]이라고 표현한 저스틴처럼 공개적으로 사랑을 표현하는 것이 자연스럽던 소년의 목소리는 '동성애자'처럼 들리게 됩니다. 그저 누군가가 옆에 있으면 좋겠다는 마음이 '계집애처럼' 들리는 것이지요. 어렸을 때 느꼈던 친밀감을 지금도 원하지만 관계를 유지하는 데 중요한 정서적 공감 능력이 이제는 골칫거리가 되어버렸다는 사실을 압니다. 관계가 손쓸 수 없을 정도로 꼬여 위기 상황에 빠지면 많은 소년이 "'손바닥으로 해를 가리면서' 어쩔 수 없는 상실이라고 혹은 상관없다고, 괜찮다고, 누군가가 필요한 것은 아니라고"[21] 주장합니다. 관계의 회복력을 신뢰하던 마음이 변하면 건강한 저항이 심리적 저항에 굴복하지요. 이렇게 하여 삐걱거리는 관계를 회복하는 데 결정적이던 목소리는 남성다움, 여성다움이라는 이름표를 달고 침묵의 늪으로 빠져들어 갑니다.

그러므로 젠더는 회복할 수 없는 관계의 파탄을 양산합니다. 여성에게 자기표현이 금기시되는 것처럼 남성에게는 부드러움이 금기시되어 관계 맺기를 방해하고 사랑을 배반하도록 유도합니다. 젠더 규정에 따르면 소년은 상처와 배려를 드러내는 걸 수치스러워해야 하고, 소녀는 자신의 감정과 생각을 말하는 것뿐 아니라 자신이 원하는 것, 원치 않는 것을 아는 일조차 위험하다고 여겨야 합니다. 젠더 규정으로 인해 우리 자신이 힘들어지기도 하지만 우리가 관계의 분열을 조장하기도 한다는 사실을 인식할 능력까지 무력해집니다.

앞서 유튜브 동영상에서 보았듯 아기와 어머니가 주고받는 상호 작용처럼 우리가 진실한 관계라 부르는 것은 관계를 회복하는 데 중요한 목소리가 도리어 관계에 위협이 될 때 상실할 수밖에 없습니다. 볼비가 기능적 분노라 말한 것은 상실을 회복하려고 노력하는 일종의 희망의 분노이지요. 달리 말해 관계의 상실에 항의하는 건강한 저항이라 할 수 있습니다. 그러나 분노는 분노죠. 남성이 희망을 품는다고 남자답지 못하다며 핀잔을 주고 묵살해버리거나, 여성이 분노한다고 히스테릭하다거나 미쳤다거나 파괴적이라고 무시하기는 쉽습니다. 반면 항의 안에서 희망을 가려듣기는 어렵습니다.

들을 의사가 전혀 없는 귀에 대고 절규할 때만 해도 희망이었으나 결국 벽에 부딪혀 좌절할 때 혹은 아무리 항의해도 소용없을 때 관계의 분열은 회생 불가능하게 되고 '희망의 분노'는 '절망의 분노'로 바뀝니다. 절망의 분노란 상실의 출발지에서 다시 멀어지고 왜곡되는 역기능적 분노를 말합니다.

데이나 잭은 논문 「희망의 분노와 절망의 분노: 분노와 여성 우울과의 관련성」에서 여성 60명을 연구했습니다. 이 여성들은 이타적으로 행동하라는 문화적 압력을 받으면서 희망의 분노를 보이다가 절망, 즉 '우울의 핵심인 희망을 잃은 체념'으로 변하는 모습을 보여줍니다.[22] 여성의 분노가 얼마나 자주 자신을 공격하는 쪽으로 바뀌는지 설명하면서 잭은 백인이자 두 명의 어린 자녀를 기르고 있는 서른네 살 기혼 여성 제니를 예로 듭니다. 제니는 이타적인 희생을 강요하는 실현 불가능한 규범에 맞추려 노력할 때 생기는 분노에 대해 이야기합니다. "제니는 분노를 자신의 역할을 재고하거나 감정을 표출할 방법을 찾으라는 경고 신호로 여기는 대신 경고 그 자체를 무시하려 애쓴다."[23] 자아를 내려놓지 못한 탓을 자신에게 돌리면서 분노의 방향을 역전시키다 보니 결혼 관계를 깰 수도 있다는 생각은 밀어내고 힘든 결혼생활을 계속 지켜나가려고 안간힘 쓰기에 이릅니다.[24]

반대의 경우도 있습니다. 남자다운 명예로움이라는 굴레를 뒤집어쓰고 절망의 분노를 종종 격분하는 방식으로 표현하면서 바깥쪽으로,[25] 흔히 자신보다 약한 대상에게 투사하는 경우가 있습니다.[26] 더구나 이런 불같은 분노는 취약함을 은닉하는 데, 사람들을 몰아내는 데 사용됩니다. 웨이의 연구에 참여한 소년 닉은 이렇게 말합니다. "누군가가 나를 욕한다고 해서 화가 나는 게 아니라 내가 너를 그리워하기 때문에 화가 나는 거야. 나는 네가 나를 욕해서 화내는 것처럼 연기할 수도 있어. 하지만 내가 화내는 진짜 이유는 너를 그리워해서야." 닉은 공격성, 지위와 존중에 관한 염려는 종종 슬픔을 가리기 위한 위장막이며 배반에 대한 불안감이라는 사실을 알고 있습니다.[27] 분노는 관계가 단절되었음을 나타내는 신호이기도 하지만 위계질서로 인한 분열을 회복하겠다는 의지를 일깨우는 자극제이기도 합니다. 그러나 상위 계층 사람들의 손에 들어가면 난폭한 무기로 둔갑해 억압을 휘두를 때 사용되기도 하고 하위 계층 사람들에게는 자기

부정의 도구가 됩니다.

세 번째 진실은 관계를 회복하지 못하는 불능은 부당함에 대항하지 못하는 무능과 관련되어 있음을 통찰케 합니다. 남성이든 여성이든 모든 인간이 인종차별주의, 성차별주의, 동성애혐오 같은 온갖 형태의 부당함에 영향을 받거나 연루되어 있습니다. 따라서 젠더에 근거해 항의한다고 비난한다면 관계의 상실을 인지하고 저항할 능력은 손상됩니다.

이런 관점으로 보았을 때 젠더는 온갖 압제의 핵심입니다. 회복할 능력을 수치스러워하는 젠더 규정은 부당함에 건강한 방식으로 저항할 문을 닫아버립니다. 항의가 효율적이지 않다고 판명 나면 절망과 거리 두기만이 우리의 갈 길이 되고 그 길을 따라가며 이미 포기한 것들을 내면 깊숙한 어딘가에 묻어버립니다.

그러므로 젠더는 단순히 행위의 문제가 아닙니다. 가부장제에서 젠더 역할은 진정한 친밀성을 경험한 후 찾아오는 상실과 거절의 아픔에서 우리를 보호해줍니다. 우리가 사랑스럽지 않다는 사실을 알게 될 수도 있다는 두려움에서 우리를 구해줍니다. 사랑 또는 부드러운 배려에 대한 욕망을 끊어냄으로써 '진짜 사나이'는 친밀성이 빚어내는 배반과 고통을 피할 수 있습니다. 그들의 관계는 점점 정서적인 욕구와 취약성을 표현하는 데 무감각해지죠. '착한 여성' 또한 자신의 진정한 생각 및 감정과 멀찍이 거리를 둠으로써 자신의 욕구와 관심에 응답하지 않는 관계에서 비롯되는 고통을 모면합니다.

비극적인 역설은 이렇습니다. 상실에서 도망가며 자신을 방어하려 할 때 관계 맺는 능력 그리고 그 관계를 복원할 능력은 훼손됩니다. 정직한 자기 목소리를 내지 않는다면 소녀든 여성이든 관계의 분열에 대해 말할 수 없고 자신이 경험하는 상실에 대항하지 못합니다. 타인의 욕구가 아니라 자신의 욕구와 연결된 목소리가 없다면 여성은 기쁨의 상실에 대해서도 이야기하지 못합니다. 정직한 목소리가 없다면 여성의 침묵은 분열의 근원이 되어 명실상부 여성을 아무런 표정 없는 어머니로 둔갑시킵니다. 겉보기에는 여기 있지만 실제로는 있지 않은 상황 말이죠. 타인이 결코 연결 고리를 찾아낼 수 없는 그런 사람이 됩니다. 물론 정직한 목소리, 자신의 경험 및 욕구와 연결된 목소리를 내지 않고 존재함으로써 얻는 이익도 있지요. 피할 수 없을 것 같은 상실을 피해 보호받는 셈입니다.

마찬가지로 소년 혹은 남성이 자신의 감정적 지능과 예민함을 은폐한다면 타인이 느끼는 분열을 알아보지 못하고 심지어 자신의 상실감도 알아차리지 못합니다. 따라서 그는 침묵과 어둠 속에서 행동하고 고통스러워합니다. 가부장제의 젠더 규정을 내면화한다는 것은 상실의 순환 고리를 만드는 것과 같습니다. 볼비의 설명에 따르면 이것은 상실에 고통받는 인간이 상실을 부여하는 자가 되는 것과 동일합니다. 여기서 우리는 침묵과 폭력을 통해 가부장제의 수호자가 된다는 말을 덧붙이고자 합니다.

우리가 잃어버린 것

✦✦ 나오미와 캐럴

가부장제에서 젠더 역할은 우리를 보호해주는 기능을 합니다. 물론 병리적이지요. 가부장제의 남성다움과 여성다움이 상실의 심리학 덕분에 지속되다 보니 상실의 심리학은 정치 질서 안으로 들어옵니다. 회복 불가능해 보이는 상실에서 자신을 방어할 요량으로 우리는 관계 맺는 능력에 불명예스러운 딱지를 붙이고 그것과 소원해집니다. 그 능력이 있어야 가부장제 혹은 모든 위계질서가 뿜어내는 살벌한 분열의 기운을 극복할 수 있는데도 말이죠. 그러다 보니 '자아 없이' 거리 두기 또는 불안한 애착을 선택한 여성은 스스로를 정직한 목소리에서 소외시키고 경험에서 우러나오는 목소리를 부인합니다. 그 과정에서 침해나

종속의 경험을 인식하는 능력, 여기에 항의할 능력이 마비됩니다. '이기적인' 거리 두기 혹은 강제적 자기의존의 길을 택한 남성은 감정을 탐지하는 레이더 선을 끊어버리기 때문에 공감 또는 배려와 거리를 두게 됩니다. 또한 자기 주변에서 일어나는 일을 감지하지 못하고 타인에게 미치는 고통이나 해악을 개선할 능력을 소멸시킵니다. 따라서 심리적 병리학은 정치적으로 부담해야 할 과제가 되지요. 관계를 회복할 능력을 포기함으로써 상실을 막으려는 역기능적 방어책이 사랑으로 가는 길을 막을 뿐 아니라 부당함에 맞설 능력도 손상시키고 있기 때문입니다.

PART

2

우리가 나아가야 할 곳

모든 사람의 목소리는 소환되어야 하고 환영받아야 하며
누구든 귀 기울여 듣고 그에 호응해야 합니다.
동등한 목소리는, 가령 갈등이 생길 경우 완력을 사용해
지배하지 않고도 관계 안에서 함께 어우러지도록 이끄는 조건입니다.
인간의 본성인 관계 맺는 능력이 우리가 집단적으로 가게 될 교차로,
민주주의와 가부장제가 엇갈리는 위험한 교차로에 서 있습니다.
우리가 직면한, 그 어느 때보다 시급하게 대답해야 할 질문은 이것입니다.
우리는 어느 쪽으로 가게 될까?

절망의 자리에서
희망을 찾다

✦ **나오미**

볼비의 책을 읽으면서 상실과 관련한 내 경험이 이해되었습니다. 내가 가부장제에 적응하고 저항한 것이 어떻게 서로 관련되는지도 납득할 수 있었지요. 죽음은 회복할 수 없는 파국입니다. 아무리 발버둥 쳐도 아버지를 돌아오게 할 수 없으니까요. 그러니 저항은 절망이 되고 스스로 침묵하다 결국 거리 두기로 변질되더군요. 마치 카멜레온이 된 것처럼 관계의 분위기에 나를 끼워 맞췄습니다. 거절당하거나 유기당할 위험에서 벗어나야만 했으니까요. 상황에 잘 맞추는 태도를 일종의 능력이나 선함의 지표로 받아들이는 문화 속에서 살다 보면 상실에 항거할 때 있어야 할 욕망이 모두 매몰됩니다.

상황에 맞게 행동하니 정말 착한 딸이라고 거듭 칭찬하더군요. 소란을 피우지 않아서, 어머니에게 걱정거리를 더 안겨주지 않아서 보상받기도 했습니다. 내 기분이 어떤지 물어보는 사람은 기억나지 않습니다. 아마 누군가가 그렇게 물었더라도 나는 좋다고 대답했을 테지만 말이죠. 그것이 '옳은' 대답이라는 생각에 나는 이미 지배당해 있었습니다. 여성스러운 선함이라는 가부장제 틀 안으로 비교적 쉽게 유인되었습니다. 나는 나 자신보다 타인을 염려하고 타인이 원하는 모습의 내가 되어 관계에 매달리며 몇 년을 보냈습니다.

가부장제는 착한 여성이 되면 타인을 위해 자신을 희생한 대가로 '관계'를 제공받으며 그 안에서 보상받을 것이라 약속합니다. 이로써 여성은 버려질 위험에서 벗어날 수단을 얻는 셈이죠. 버려질지도 모른다는 두려움에 시달리던 나는 어린 시절 내내 상실을 피하는 방어책을 공들여 만들었는데 알고 보니 가부장제가 보장하는 그 약속과 내가 만든 전략이 유사했습니다. 나는 내가 만든 전략을 통해 거절과 상실의 위험을 줄였습니다. 말하자면 보험 같은 것이었죠. 진실로 관계 안에 있지 않으면 버림받을 일도 없을 것이고 설령 뭔가를 상실한다 하더라도 그건 '내가 아닌' 다른 누군가에게 일어날 일이었습니다.

나의 진실한 소망, 사유, 감정 같은 자아의식과 거리를 두자 대화 밖으로 밀쳐두었던 바로 나 자신까지 망각하게 되었습니다. 내 진정한 욕구를 의도적으로 폐기하다 보니 나 자신에게조차 나의 욕구는 미지의 것이 되더군요. 한편 내 욕구에 호응하지 않는 '관계' 안에서 온갖 침해를 받아도 그것에 저항하지 않고 점점 둔감해져만 갔습니다. 세상의 눈으로 되돌아보건대 이 시기에 나는 놀랄 만큼 성공해 있었습니다. 변호사로 일하는 매력적인 이탈리아인 남자친구가 있었으며 법학 학위를 받았고 국제인권변호사로서 경력을 쌓았지요. 뉴욕대학교 법학대학에서 석사과정을 밟기도 했습니다.

볼비의 관찰 연구와 같은 맥락에서 보면 진실한 관계를 맺고 싶다는 욕망은 거짓 관계에 항의하는 능력과 함께 억압되어 있긴 했지만 아주 잃어버린 건 아니었습니다. 어린아이에서 '착한 여성'이 되는 과정 동안 한편으로는 안전한 곳에 있다는 느낌을 받았지만 다른 한편으로는 감옥에 갇힌 것 같기도 했습니다. 속박당한다는 느낌이 강해지면서 분노 수치도 높아지더군요. 분노는 점점 커지는데 그런 나를 드러내면 끝장날지도 모른다는 두려움이 더욱 나를 압박했습니다. 진정한 관계를 놓치면서 생긴 분노를 인식하면 할수록 진솔한 내 감정이 부끄러워졌습니다. 착하고 친절하고 사랑스러워 보이려는 욕망과는 정반대되는 솔직한 감정들이었죠.

볼비가 이해한 분노는 상실된 관계를 복원하려는 건강한 반응입니다. 그러나 여성의 분노가 부정적인 힘이며 관계에 해를 끼치는 위협이라고 간주하는 문화에서 성장할 때 그것은 수치스럽고 유독하고 위험한 것으로밖에 느껴지지 않아요. 다시 말해 관계의 상실에 더 많이 반발할수록 '관계'를 위해 그 반발심을 억눌러야 한다는 생각이 강해집니다. 악순환의 고리에 빠진 것이죠.

관계를 맺고자 하는 욕구와 저항하고자 하는 욕구는 살아 있었지만 그것을 터놓고 표현할 수 없다 보니 우울과 불안 증세가 나타났어요. 그것은 심리적 저항의 표시였습니다. 스물다섯 살이 되면서 결국 치료를 받기에 이르렀지요. 앞서 이야기했다시피 치료사는 관계에서 나의 생각과 감정을 드러내라고 처방했습니다. 버려질까 봐 두려워하는 마음에서 시작된 침묵이 아버지의 죽음에 대한 반응이며, 아버지의 죽음은 상실에 대한 두려움의 출발지였다는 사실을 내가 알아보아야 한다고도 말했습니다. 그러나 나는 관계 속에서 여전히 나에 관해 이야기하지 않았습니다. 치료사와의 관계에서도 말이죠. 왜 그랬을까요? 아마 내 목소리가 '지나치게 크고' 내 의견이 '지나치게 강하고' 내 욕구가 '지나치게 위험하다'는 생각이 과거의 경험에서 현재의 현실로 '전이'되었기 때문이었을 겁니다. 그리고 사실 이것이 내가 사는 세상에 대한 정확한 평가이기도 했지요.

여성을 착한 여성과 나쁜 여성으로 가르는 세상, 여성의 정직한 목소리가 지나치게 큰 소리, 미친 소리로 치부되고 실제로 관계를 위험에 빠뜨리는 세상, 그런 곳에서 살아가는 현실에 대한 반응이었죠. 이런 전후맥락을 파악하고 나면 청소년기 초반에 소녀들이 저항하기는 하지만 누군가가 나서서 겉으로 드러나는 양상에 의문을 제기하지 않는 이상 그 저항은 종종 위장된다는 사실을 알 수 있습니다. 가령 하버드에서 5년간 소녀들의 성장을 관찰해온 연구에 참가한 열세 살 트레이시는 이런 말을 했습니다. "아홉 살(연구가 시작될 즈음) 때 우리는 멍청했어요." 캐럴이 그 당시에는 자신을 '멍청하다'고 표현할 생각을 하지 못했을 거라고 설명하자 트레이시는 그제야 자신의 진짜 생각을 말하더군요. "제 말은 아홉 살 때는 정직했다는 거예요." 아홉 살에서 열세 살로 넘어가면서 정직한 목소리가 어떤 식으로 '멍청하게' 들리게 되었는지 혹은 그렇게 보이게 되었는지를 말하고 싶은 게 트레이시의 본심이었습니다.[1]

여성스러운 착한 행동 규정이 드리우는 그늘에 가려 나는 내 정직한 목소리를 침묵시켰고 관계의 단절에 저항하고 항의할 능력을 포기한 후 상실에 대한 기억을 다시는 올라올 수 없는 깊은 늪으로 빠뜨렸습니다. 치료사가 내 뒤에 상실이 버티고 있다고 말했지만 그 상실이 내 앞에서 길을 막고 있는 것 또한 사실이었습니다. 목소리를 침묵시키고 강제적인 돌봄을 베풀면서 관계에서 거리를 두는 것은 한편으론 병리적이었지만 다른 한편으론 심리적 보호막이 되었지요. 다시 말해 내가 진정 원하는 친밀성을 봉쇄한다는 측면에선 병리적인 반면 동일한 봉쇄 작전이 문화로 인해 발생하는 회복 불가능한 상실에서 나를 보호하는 가리개 역할도 했다는 뜻입니다. 친밀해지기를 포기하면 절망감에 힘들어하지 않아도 되니까요.

내게는 강렬한 상실이 세상 사람들 눈에는 상실로 인식되지 않았습니다. 왜냐하면 나는 '관계'를 맺고 있었거든요. 상실이 사람들 눈에 보이지 않으니 내가 하는 항의는 벽에 대고 말하는 것과 같았습니다. 공명이 없으니 항의는 멍청한 짓이 되고 따라서 나는 침묵 속으로 후퇴했습니다. 관계 맺기를 소망하지만 관계에 관여하지 못하도록 우리를 배제하는 제도인 가부장제가 왜 지속되는지 이해하기 위해 우리는 이 프로젝트를 시작했고 답을 찾았습니다. 상실을 강요하고, 항의를 수치스러워하고, 공명을 왜곡함으로써 가부장제는 우리를 항의에서 절망으로, 절망에서 거리 두기로 이어지는 길 위에 서게 합니다. 즉 거리 두기라 함은 가부장제 문화에서 관계를 맺으며 살다 보면 생기는 병리적 상황에서 활용하는 심리적 방어 전술입니다. 하지만 동시에 파국을 맞은 관계를 회복하는 데 필요한 우리 내면의 능력과 우리 자신을 분리시키는 기제이기도 합니다. 관계의 파탄은 결국 인종차별주의, 성차별주의 등 온갖 형태의 억압을 의미하므로 결국 그런 부당한 구조까지 지속시키는 것이지요.

물론 여기서 이야기가 멈추는 것은 아닙니다. 진실한 관계 맺기를 갈망하는 나의 진심과 감정에 냉담한 문화에서 살아가며 생기는 분노가 공명을 얻지 못하다 보니 저항이 다소 동력을 잃었습니다. 그러나 전멸된 것은 아니었습니다. 상실의 두려움 때문에 저항력은 손상되고 내 생각을 크고 분명하게 말할 능력은 공포에 잠식되어갔지만 그러는 동안에도 진정한 관계 맺기를 향한 강렬한 욕망은 나를 정반대의 방향으로 끌어당기더군요. 나는 국제 인권 분야에서 경력을 쌓는다는 명분으로 뉴욕대학교에 갔지만 저 깊은 내면에서는 이것이 진짜 이유가 아니라고 외치고 있었습니다. 그러다가 결국 '부당함에 맞서기' 세미나에 참석하게 되었지요.

상실에 대한 항거는 문화의 제재를 받으며 정상성의 틀 안에 갇혀 사그라집니다. 그 때문에 나는 어디에서도 공명을 얻지 못하다가 드디어 세미나에서 공명을 찾았습니다. 상실에 대한 소녀들의 저항을 연구하며 저항의 정치학을 발전시킨 캐럴의 논문 덕분에 나는 해답을 구할 통찰을 얻었죠. 개인적인 상실의 경험, 즉 아버지의 죽음을 부당함의 정치학과 연결하고 나서야 내 목소리를 찾을 수 있었습니다. 나는 이전에는 상상도 못 하던 일을 해낼 방법을 찾기 시작했습니다. 그것은 아버지와의 분열을 회복하는 것이었습니다.

아버지의 죽음에 대해 글을 쓰다가 직관적으로 어떤 생각이 떠올랐습니다. 아버지는 작가였습니다. 아버지를 잃은 경험에 대해 글을 쓰는 과정에서 아버지와의 관계로 되돌아가는 방법을 발견했던 것입니다. 이 작업은 상실에 맞서는 나의 저항이었지요. 연결 고리를 일시적으로 상실했음에 대한 건강한 거부의 몸짓이었습니다. 또한 내 속에서 흘러넘치는 고통과 울분, 슬픔을 타인에게 떠넘기지 않고 그 상황을 납득하는 나의 인내심에 박수를 보내는 문화에 대한 정치적 저항이었습니다.

이 책을 한창 집필 중이던 8월경 여동생의 결혼식에 참석하기 위해 런던에 갔습니다. 우리 가족의 삶에 행복한 전환점이 된 이 결혼식은 말하지 못할 슬픔과 뒤엉켜 있었습니다. 아버지의 부재, 그리하여 어떻게든 드러나는 그의 실존이 결혼식 내내 함께 했던 겁니다. 신부와 함께 식장에 걸어 들어가서 '신부를 신랑에게 안내하고' '신부 아버지' 몫의 연설문을 읽는 아버지는 없었습니다. 각 장면에서 드러나는 아버지의 부재는 사회가 크나큰 상징적 의미를 부여한 뭔가가 결핍되었음을, 그래서 나와 내 여동생을 다른 이들과는 다른 존재로 규정함을 깨닫게 했습니다. 전에는 한 번도 생각지 못한 뭔가가 뇌리를 스쳤습니다. 지금까지 우리는 우리의 결핍이 두드러지지 않기를, 사람들의 눈빛이 동정심으로 바뀌지 않기를, 결국 우리의 상황을 알아차리지 않기를 바라며 세상에 이 부재를 숨기려고 최선을 다해 노력해왔습니다. 노출을 극도로 두려워했던 겁니다.

결혼식 며칠 전 친할머니가 물려준 목걸이를 찾으려고 어머니의 침실을 뒤지고 있었습니다. 어머니는 "오래되고, 새롭고, 푸른색이 감돌고, 누군가에게 전해 받은 뭔가"를 선물하는 전통에 따라 그 목걸이를 여동생에게 주려 했거든요. 한참 목걸이를 찾다가 우연히 노트를 한 권 발견했습니다. 아주 어릴 때 찬장 깊숙한 곳이나 아버지의 서재를 구석구석 뒤지던 기억이 납니다. 아버지가 누구인지, 내가 잃어버린 그분은 어떤 사람이었는지 수수께끼를 풀고 싶은 마음, 실낱같은 자료라도 찾고 싶은 마음이 간절했기 때문이지요.

그렇게 어딘가를 뒤질 때면 흥미진진하면서도 한편으론 두려웠습니다. 내가 무엇을 찾게 될까? 아버지가 누구인지 알게 되면, 엄청난 상실의 크기를 알게 되면 어떤 고통이 찾아올까? 아버지가 남긴 산더미 같은 자료를 훑어보다가 뭔가 중요한 것을 발견하기도 했습니다. 오랜 친구에게 받은 편지, 어머니에게 보낸 밸런타인 카드, 절반가량 완성한 소설……. 이런 것은 이제 내가 소중히 간직하는 보물입니다. 지나고 보니 이런 것들을 발견할 때는 어디론가 항해하는 것 같기도 했지만 늘 뭔가가 채워지지 않는 느낌이 들었습니다. 무의식적으로 찾던 한 가지를 찾지 못했기 때문이지요. 그건 아버지가 나를 생각하고 나를 알아가고 나를 사랑한다는 표시였습니다. 내가 아버지에게 진정 중요한 사람이었고 그가 나와 이별하고 싶어 하지 않았다는 표시 말입니다. 이것이 없으니 내가 아버지에게 중요하지 않았다는, 우리의 결속은 소모품에 불과하고 회복할 수 없을 만큼 훼손되었다는 생각이 떠나질 않았습니다.

막상 아버지의 흔적을 뒤지던 어릴 때는 이 노트를 발견하지 못했는데 이번에는 거의 육감적으로 내 손에 엄청나게 중요한 뭔가가 들어왔다는 사실을 알았지요. 아버지가 시한부 선고를 받은 시점부터 시작해 약 6개월간 써 내려간 일기였습니다. 일기에는 평범한 내용도 있고 의미심장한 글도 있었습니다. 필사적으로 삶을 붙잡으려고 안간힘 쓰는 아버지의 모습이 역력하게 떠올랐지요. 낡고 닳은 종이에 '건강함에서 나오는 소소한 취향'이 적혀 있기도 했습니다. 동시에 엄청난 두려움이 몰려와 숨을 몰아쉬는 순간도 있었고, 본인은 죽어가는데 세상과 세상에 사는 모든 사람은 건강하다는 이유로 불같이 화를 내는 대목도 있더군요. 분노와 슬픔이 나에게 말을 걸었습니다. 이것은 나의 분노요 슬픔이었습니다. 어떻게 세상은 친절하고 예민한 아버지를 나에게서 빼앗아갈 수 있었는가. 어떻게 다른 사람들은 살아 있는데 그는 죽어야만 했는가. 어떻게 그런 부당한 일이 일어난단 말인가. 빛나는 생명력과 활기찬 감성이 가득했던 아버지가 어떻게 이런 글을 쓴 지 불과 몇 주 만에 갑자기 죽음을 맞이했단 말인가. 아버지는 일기를 통해 자신의 가장 취약한 부분인 희망과 두려움, 소망을 보여주었습니다. 죽음이 임박했을 즈음 삶에 대한 아버지의 갈망은 손에 잡힐 듯 구체적이었습니다. 이것은 죽음에 맞서고 나를 떠난다는 사실에 맞서는 아버지의 항거였습니다.

'나오미.' 노트 한쪽에 아버지가 휘갈겨 쓴 내 이름을 발견했습니다. 아버지는 내가 한 어리숙한 행동을 적어두었습니다. 나는 아버지에게 '건강함에서 나오는 소소한 취향'을 선사했던 겁니다. 아버지가 내 눈앞에 나타난 듯했고 우리 사이의 연대가 이 대목에서 생생하게 살아났습니다.

타이밍은 절묘했습니다. 정확히 바로 그즈음 나는 아버지의 상실에 항의하고 있었습니다. 치료사가 지적했다시피 내 등 뒤에 있던 바로 그 상실 말입니다. 내가 등 뒤에 있는 상실에 항의하던 바로 그때 자기 앞에 놓인 상실에 맞서 항의하는 아버지의 글을 발견한 겁니다. 우리는 각자의 상실에 항의하고 있었던 것이죠. 아버지의 글은 죽음에서 당신을 구하지 못했으나 그의 항의는 죽음조차 갈라놓지 못하는 나와의 연결 고리를 다시 잇는데 성공했습니다.

아주 짧은 만남의 순간 이후, 시간은 지나갔습니다. 아버지는 25년도 더 전에 이 글을 썼습니다. 그러나 이 순간 나는 아버지와 동질의 슬픔, 두려움, 질문을 붙들고 있었습니다. 연결된 상태로 머물고자 하는 강렬한 욕망을 안은 채 말이죠.

상실의 경험을 공유하고 보니 우리를 갈라놓은 그것이 어떻게 우리를 연결하는 고리가 되는지 알아보았습니다. 즉 영구적인 상실인 죽음조차 관계를 붕괴시킬 힘은 갖고 있지 않다는 사실을 성찰하게 되었지요. 항의할 능력은 관계를 유지할 힘을 지니고 있습니다. 이런 순간이 오기 전까지 내가 회복 불가능한 것이라 여기던 그 관계 말입니다.

상실의 고통과 연결되면서 무력감이 다시 표면으로 올라왔습니다. 거리 두기에서 벗어나니 다시 절망이 찾아왔습니다. 이 변화가 고통스러운 까닭은 오래전부터 내가 연결의 끈을 놓아버렸던 고통과 두려움에 다시 접속했기 때문입니다. 그러나 나는 혼자가 아니었습니다. 내 절망이 아버지의 절망 속에서 공명하고 있다는 사실을 발견했거든요. 상실 후 슬픔을 절감하고 나서야 연결의 희망이 다시 떠올랐으며 우리의 관계를 회복할 수 있었습니다. 관계는 위계질서를 발판 삼아 다시 세워진 게 아니었습니다. 모든 것을 잘 아는 아버지, 권위의 목소리, 만약 살아 있었다면 나를 보호하거나 나에게 길을 보여주었을 아버지로서가 아니라 서로 공유하는 인간성, 그의 목소리와 나의 목소리를 재발견함으로써 그것을 근거로 다시 세워진 것이었습니다.

심리적 저항에서 건강한 저항으로 바뀌면서 아버지와의 관계가 회복되었을 뿐 아니라 다시는 회복할 수 없을 정도로 단절되었다고 생각한 세상과의 고리를 다시 이을 도구까지 얻었습니다. 나에게 아버지의 죽음은 주홍글씨와도 같아서 나를 보통 사람과는 다른 사람으로, 수치스러운 사람으로 만들었지요. 심리치료를 받는 동안에는 소외감과 그것을 숨겨야 할 필요성을 역병에 비유한 적도 있습니다. 역병에 걸린 환자의 집 현관에는 십자가가 걸립니다. 사람들에게 접근 금지를 알리는 표지지요. 아버지의 죽음은 내 방에 걸린 십자가였습니다. 나를 타인과는 다른 사람, 건드려서는 안 되는 사람으로 만들었습니다. 그 고통은 굳이 표현하자면 나의 다름을 확인해주는 표시일 뿐이었습니다. 다섯 살의 자아는 다시는 세상을 신뢰하지 않겠다고 다짐했지요. 이 다짐은 이후 25년 동안 세상과 관계를 맺고 싶다는, 나의 진정한 생각과 감정을 공유하고 싶다는 정반대의 강한 욕망과 공존해야 했습니다. 또한 이 다짐은 애써 지키려 발버둥 쳐야 하는 맹세이기도 했지요. 이 맹세는 살면서 계속 부딪힌 보이지 않는 벽이 되었습니다. 바로 그때 캐럴의 연구물을 만났습니다.

마치 그동안 찾아 헤매던 생명줄을 발견한 느낌이었습니다. 상실의 경험은 나를 세상과 분리시킨 것이 아니라 오히려 연결해주었습니다. 잃어버린 관계에 대항해 싸우는 소녀들의 목소리는 개인적 투쟁의 울림으로 돌아왔습니다. 이런 울림 덕분에 나는 정치적으로 무슨 일이 일어나고 있는지 통찰할 수 있었습니다. 인권변호사로서의 나는 발견하지 못했던 통찰이었지요. 가부장제의 한가운데에는 보이지도 않고 발설해서도 안 되는 상실이 있었습니다. 그것은 수치심의 족쇄를 차고 정상성이라는 겉모습 아래로 숨어들어 간 상실이었습니다. 남성다운 명예와 여성스런 착함이라는 잣대로 인해 관계에서 불협화음이 생기면 이를 아예 돌이킬 수 없는 지경으로 몰아버리는 문화 혹은 '관계'를 위해 관계를 희생하라고 막강한 압력을 주입하는 문화에서는 어느 사회계층에 머물든 그 어떤 사람도 상실에서 자유로울 수 없는 이상한 상황이 전개됩니다.

관계와의 단절, 사회와의 분리에 맞선 저항은 정치적 저항으로 이어졌습니다. 그것은 나를 오래도록 침묵하게 만든 모든 권력에 대한 저항이었습니다. 항의를 자기방종으로, 회복을 향한 나의 욕망을 미친 것 혹은 너무 순진한 것으로 여기던 그 힘들. 진실을 알고 난 후 나는 나 자신과 타인과의 관련성 그리고 그 안에서의 경험을 근거로 다시 길을 찾아 나섰습니다. 그 길에서 만난 것은 아는 것에서 멀어지게 하고 탈사회화를 부추기는 문화였습니다. 아버지를 잃은 사건과 사회 각본 혹은 문화적 규정에 의해 형성된 관계를 잃는 것 사이의 연관성을 추적하다 관계의 상실을 상실로 보지 못하게 하는 문화의 금기에 부딪힌 겁니다.

상실에 맞선 나의 항의는 젠더, 성, 인종, 계급의 차이 때문에 관계가 발전하지 못한다고 몰아가는 문화에 맞서는 저항 행위였습니다. 그런 문화에서는 지배 욕망이 당연한 것이며 항의는 쓸데없는 짓이라고들 하지요. 나의 건강한 저항은 '힘들어도 마냥 계속 버티면서 애쓰는' 문화를 받아들이는 나의 어머니를 향한 항의 행위이기도 했습니다.

가부장제 문화에 맞선 정치적 저항은 역공세를 당하기도 합니다. 우리는 인종차별은 어떻게 생각하느냐는 질문을 받습니다. 좋은 질문이지요. 억압 구조는 교차하지만 적어도 미국의 경우에는 대부분 지역에서 백인 가부장제가 지배적입니다.[2] 그래서 이런 질문을 먼저 하지요. 관계를 맺는 인간의 능력이 건재하다면 어떻게 다른 억압 체계가 지속될 수 있는가? 이렇게 질문하며 우리는 깨달았습니다. 인종차별주의든 어떤 형태의 억압이든 주도권을 잡으려면 관계 맺는 인간의 능력을 무력화할 작동원리가 있어야만 했으며 가부장제가 여기서 이런 전후맥락을 설명할 수 있다는 것을요.

이런 말을 할 때 우리는 성차별이 인종차별보다 더 지독하다거나 젠더는 인종 및 계급과 무관하게 작동한다고 말하려는 것이 아님을 강조해야 합니다. 우리가 말하려는 것은, 가부장제의 토대인 젠더 이분법과 위계질서는 인간의 합리성을 훼손한다는 것, 보다 더 본질적인 차원에서 말하면 관계의 파국을 회복하고 부당함에 저항할 능력을 무력화한다는 점입니다. 이런 무력화가 얼마나 정교하게 일어나는가는 인종, 계급, 성, 민족, 국적 등에 따라 다를 수 있지요. 그 차이는 관계를 맺으며 살고자 하는 인간의 욕망, 목소리를 갖고자 하고 분열을 알아차리며 항의로 그에 대응하고자 하는 열망이 얼마나 강렬한가에 달려 있기도 합니다.

사람들은 가부장제가 옛날 옛적의 유물이라고 말합니다. 그들은 우리가 있지도 않은 상실을 상상하며 이치에 맞지 않는 주장을 한다고 말합니다. 설령 있다 하더라도 그런 것이 아니라고들 합니다. 우리의 항의는 아무런 소용이 없었던 것이죠. 관계에서 일어나는 상실은 사실 문화적 각본에 따라 이루어진 것이기에 여기에 맞서 항의하다 보면 어떤 구조에 부딪히게 됩니다. 그 구조는 상실을 보이지 않게 만들거나 당연한 것 혹은 필요한 것으로 몰아감으로써, 회복할 수 없는 것으로 몰아감으로써 이것을 보존합니다.

이런 반발에 부딪히자 나는 정직한 목소리를 침묵시키면서 공고해진 거리 두기가 얼마나 나를 꼼짝달싹 못 하게 만들었는지 깨달았습니다. 갑자기 진짜 목소리를 내어 이 일을 한다는 것이 위험하게 느껴졌습니다. 슬픔과 분노가 나를 갈기갈기 찢어 놓을 때, 특히 분노는 발설하면 안 된다는 걸 실감할 때 다섯 살이 감당해야 했던 고통이 되살아났습니다. 내 눈앞에 버젓이 펼쳐진 현실, 가부장제가 여전히 건재하다는 사실을 부인한다면 내 안의 분노에 불이 당겨질 것 같았습니다. 물론 때로는 입을 다물고 싶게 만든 그 분노 말입니다. 수치스러움 때문에 점점 더 침묵하게 되면 나와 나의 생각 사이에 장벽이 생길 터이고 그 장벽의 크기는 말로 옮기지 못할 정도로 커질 테지요. 그러나 여러 반발이 있었음에도 이 '부당함에 맞서기' 세미나는 많은 이의 공감을 얻었습니다. 이 공명이 나의 목소리를 되찾게 해준 것은 말할 것도 없지요. 게다가 이 공명은 희망을 계속 부여잡게 하는 힘이 되기도 했습니다. 부당함을 만나면 거리 두기라는 심리적 장막 밑으로 도망가도록 촘촘하게 짜놓은 사회 직조물이 상실에 맞서 항의하는 목소리에 걸려 느슨해졌다가 마침내 풀어 헤쳐지리라는 희망 말이죠.

지극히 개인적인 상실의 경험을 가부장제에 관한 책으로 풀어내는 것이 개인적인 것과 정치적인 것을 첨예하게 분리하는 사회를 향한 정치적 저항 행위입니다. 변호사로 훈련된 나는 이성과 감정을 분리하고 취약함을 감춰야만 한다고 교육받아왔습니다. 감정은 상황을 개별적인 것으로 만들기 때문에 정의를 실현하지 못하게 가로막는다고 배웠지요. 공정하기 위해 우리는 눈을 감아야 했습니다. 변호사라는 직업은 법을 공정하게 객관적으로 적용하는 것이니까요.

그러나 개인적인 것과 정치적인 것의 분리는 처음 변호사가 되겠다고 결심한 내면의 정의감에서 나를 멀어지게 했습니다. 일단 건강한 저항 상태로 돌아가서 감정과 이성을 분리하는 일에 맞서니 갑자기 어떤 기억이 떠오르더군요. '착한 소녀'가 되기 이전에 나는 내 생각을 거침없이 말하고 나와 타인을 대표하는 데 주저함이 없던 '씩씩한 소녀'였습니다. 거리 두기 이전에 저항이 있었고, 숨 막히는 상실의 두려움이 있기 전에 진정한 관계를 향한 끝없는 갈망이 있었습니다.

내가 가진 혈기왕성한 기질은 일찍부터 드러났습니다. 태어난 지 15개월도 안 되었을 때 내가 잠을 자려 하지 않자 어머니는 어느 날 밤 내가 울건 말건 철저히 무시하는 대담한 작전을 펼칩니다. 울다 지쳐 잠들기를 바라면서요. 이 계획은 아버지가 제안했다고 합니다. 깊이 잠들었을 것이라는 부모님의 예상과는 달리 아침에 나는 아기 침대 기둥을 부여잡고 일어서서 곧 비명이라도 지를 것처럼 입을 크게 벌리고 있더랍니다. 내 동생은 이 일화를 이야기하는 걸 좋아합니다. 동생은 이 이야기가 내 안에 존재하는 포기하지 않으려는 마음이나 끝장을 볼 때까지 싸우겠다는 투지 같은 것을 잘 보여준다고 생각합니다. 이즈음 아버지는 나를 "거리의 전사 수잰"(수잰은 내 중간 이름입니다)이라고 사랑스럽게 불렀습니다.

민주주의는 일상적인 저항의 영역에 존재했습니다. 내 의견이 진지하게 받아들여지기를, 내 욕구가 충족되기를, 내 소망이 고려되기를 주장하는 방식으로 말입니다. 부당함은 철학적이거나 추상적인 이슈가 아닙니다. 중요한 것은 그저 부당한 대우를 받는 사람들이 줄었으면 하는 마음이었습니다. 이건 어쩌면 타인이 가진 것을 갖지 못할 때 얼마나 억울하고 부당하게 느껴지는지를 내가 잘 알기 때문인지도 모르겠습니다. 권력을 향해 진실을 말하는 행위는 그저 올바르다고 여기는 것을 행하고 나를 포함해 내가 관심 가진 사람들의 이익을 보호하는 것과 동일한 것이었습니다. 어린아이들이 자주 말하는 "그건 공정하지 않아요"라는 외침이 이게 아니면 무엇이겠습니까? 나는 아버지의 죽음을 엄청난 부당함으로 경험했고, 그 경험을 통해 타인의 고통과 괴로움을 알아차리는 예리한 감수성을 얻었습니다. 그 감수성은 나를 행동하게 이끌었지요.

여섯 살 무렵, 같은 반 아이들에게 빌려준다며 옷장에서 옷을 꺼낸 적이 있습니다. 그 아이들은 운동복이 없어 속옷을 입은 채 운동해야만 했습니다. 이런 부당함에 나는 본능적으로 깊은 분노를 느꼈습니다. 몇몇 아이가 여느 아이들과는 다른 대우를 받는 것이 참을 수 없었던 것이죠. 남들보다 덜 가졌다고 해서 부끄러워해야 하다니요. 어린 시절 나는 부당함이 상황에 묻혀 아무렇지 않게 흘러가도록 마냥 내버려 두지 않았습니다.

착한 여성이 되는 과정에서 내가 배신했던 우정을 생각하면 슬퍼집니다. 내 목소리를 부인하던 바로 그 시점에 나는 친구들과 거리를 두기 시작했습니다. 그들은 분노를 드러내는 걸 위협적으로 보거나 자기주장을 이기적인 것으로, 욕구를 수치스러운 것으로 보기를 거부한 친구들이었습니다. 착한 여성으로 보이고 싶어서 나는 나 자신을 배반했을 뿐 아니라 거침없고 씩씩하고 분노를 있는 그대로 표현하는 결단력 있는 소녀들과도 거리를 두었던 것입니다. 그들이 나의 동맹이었음에도 말이죠.

결국 정의를 향한 나의 욕망, 무엇보다 나를 법으로 이끌었던 욕망을 실현하려면 부당함을 지속시키는 심리적 힘을 이해하는 것이 정치적 지식을 쌓는 것만큼이나 중요하다는 사실을 깨닫고 이 둘을 결합해야 했습니다. 그래서 심리훈련을 시작했습니다.

✦ 캐럴

내가 걸어온 길을 되짚어보면 삶과 일에 있어 중요한 변곡점을 만나게 됩니다. 나의 첫 책 『다른 목소리로In a Different Voice』에는 이런 질문이 내포되어 있지요. 어떻게 인간의 목소리가 '다르게' 들릴 수 있었는가? 다르다는 것은 무엇과 다르다는 것인가? 이성과 감정을 결합하는 목소리, 자아와 관계를 포괄하는 목소리, 분리된 것이 아니라 구체화된 목소리가 어떻게 '여성스러운 것'으로 들리게 되었는가?

이 책을 쓰고 난 뒤 나는 그 당시에 저돌적으로 보였던 질문에 천착해 들어갔습니다. 여성을 소녀와 연결함으로써 심리학 역사의 끊어진 선을 잇고 잃었던 것을 되찾으려 했지요. 1980년에 출간된 『청소년기 심리학 편람Handbook of Adolescent Psychology』의 편집자 조지프 애덜슨Joseph Adelson은 이 잃어버린 혹은 생략된 영역을 언급했습니다. "청소년기 소녀들에 관한 연구는 거의 없었다. (……) 청소년기 정신 역동에 관한 문헌을 읽는다는 것은 최근까지만 해도 소년의 정신 역동을 읽는다는 의미였다."[3]

소녀에 관해 연구하지 않아서 놓친 것은 무엇일까? 애덜슨은 청소년기 심리학에는 '남성적 편견'이 교묘하게 깔려 있어서 분리와 성취는 과하게 강조하는 반면 양육, 친밀성, 사랑은 소홀히 다루는 관행이 뚜렷하다는 데 주목했습니다.[4] 청소년기 심리학이 소년들의 심리학으로 일괄되었습니다. 분리와 성취는 남성다움으로, 관계와 사랑은 여성다움으로 간주되는 문화, 남성다움은 한껏 고양되고 여성다움은 한때 이상화되다가 어느 순간 그 가치가 평가절하되는 문화에 이 심리학이 이미 깊이 스며들어 있었던 겁니다. 애덜슨의 말을 빌리면 청소년기의 심리학은 가부장제의 심리학이라 해도 과언이 아니었습니다.

1981년 가을에 나는 석사과정 학생들과 이후 '여성 심리와 소녀들의 성장에 관한 하버드 프로젝트'로 발전한 연구를 시작했습니다. 이 연구는 10년간 지속되었습니다. 일곱 살부터 열여덟 살까지의 소녀 수백여 명이 참여했고 성인 여성과 성인이 되어가는 소녀 간의 관계를 탐색하며 그들의 경험에 집중했습니다. 연구는 사립과 공립, 도시와 도시 외곽에 위치한 다양한 학교에서 방과 후에 이루어졌습니다. 다양한 인종과 사회계층 출신을 대상으로 했지요. 여기서 나온 결과물을 제자들과 함께 다섯 권의 책으로 출판했습니다. 그중에는 1992년에 「뉴욕타임스」가 올해의 책으로 선정한 『교차로에서 만나기Meeting at the Crossroads』도 있습니다. 이 책은 청소년기라는 교차로에서 성인 여성을 만난 소녀와 소녀를 만난 성인 여성에게 집중하고 있지요. 『목소리와 침묵 사이Between Voice and Silence』에서는 학교 중퇴, 임신이라는 위기에 처한 노동 계층 소녀들의 경험을 다루었습니다. 또한 우리는 이 책에서 여성 사이의 분열을 영속화하기보다는 그것을 치유하려고 노력하는 연구의 하나인 '여성과 인종 프로그램Women and Race retreats'에 대해서도 이야기했습니다. 특히 소녀들과 일하는 여성에게 주목했지요. 소녀와 성인 여성의 비율을 거의 같게 맞추었습니다.

성인이 되는 과정에서 소녀들이 무엇을 경험하는지 들으면서 나는 저항에 관한 글을 쓰게 되었습니다. 처음에는 너무 익숙한 어떤 장면이 떠올라서 소름이 돋았습니다. 그러고는 깨달았지요. 소녀들을 연구하지 않음으로써 바로 이 저항 부분이 간과되었다는 사실 말입니다. 소녀들의 저항을 보면서 나는 그들이 맞서는 문화를 보았습니다. 성인의 문턱에서 소녀들은 가부장제 문화에 저항하고 있었습니다. 가부장제는 그들에게 목소리를 갖거나 관계를 갖는 것 중 하나를 선택하도록 강요합니다.

이것이 『다른 목소리』에서 주장한 가부장제의 틀입니다. 이 틀은 인간의 목소리를 철저히 '다르게' 들리게 합니다. 자연스럽거나 객관적인 목소리와는 다른 목소리. 자아를 관계에 개입시키고 생각과 감정을, 마음과 몸을 결합시키기 때문에 다르게 들리는 목소리, 가부장제의 젠더 규정에서 관계와 감정은 여성의 몫이기에 '여성스러운' 목소리.

소녀들은 내가 건넨 세 가지 질문에 답했습니다. 인간의 목소리가 다른 목소리가 되고 여성스러운 목소리가 되고 저항하는 목소리가 되는 것은 가부장제 내부이기 때문에 일어나는 일입니다. 이것은 소녀들에 관한 연구가 이룬 성과였습니다.

나는 구조 안에서 일어나는 변화를 처음 알려준 그 여성을 늘 기억할 것입니다. 연구를 시작한 지 얼마 지나지 않았을 때였습니다. 그녀는 내게 "내가 무슨 생각을 하는지 알고 싶으세요, 아니면 내가 진심으로 무슨 생각을 하는지 알고 싶으세요?"[5]라고 물었지요. 지금은 그녀가 내 쪽으로 몸을 기울이며 질문하면 짓궂은 장난을 친다는 사실을 눈치챌 정도로 친해졌습니다. 하지만 당시 도덕적 딜레마에 관한 질문에 그녀가 내놓은 대답은 내가 몇 년이 지난 뒤에야 완전히 이해할 정도로 모호했습니다. 그녀는 자신이 진심으로 생각하는 방식과는 다른 방식으로 도덕성을 생각하는 법을 배웠습니다. 그녀는 진심이 아닌 방식으로 시작했지요. 그리고 차이를 알게 되었습니다. 나는 어떤 목소리가 듣고 싶었을까? 도덕성에 관해 그녀가 생각하는 방식을 전하는 목소리였을까 아니면 그녀가 진심으로 생각하는 바를 전하는 다른 목소리였을까.

이런 식으로 되물으니 효과가 있었습니다. 그녀가 무슨 말을 하는지 즉시 알아차릴 수 있었거든요.

하버드대학교에서 종신교수로 재직하던 1980년대 중반 무렵 우리 학과에서 일하는 배려심 깊은 한 직원이 나를 부르더군요. 그녀는 연구 검토 위원회가 내가 진행한 연구 방법에 관해 나와 이야기하고 싶어 한다고 말했습니다. 그들이 '평균으로의 회귀 regression around the mean'[i]라는 개념을 내가 이해하지 못한다고 판단했다는 것이었습니다. 실은 내가 그 개념을 잘 이해하고 있으며 내 연구는 통계학이 아니라고 설명하자 그녀가 내 말을 가로막으며 이렇게 조언하더군요. "그냥 그들의 도움을 받으세요."

내 친구이기도 한 학장과 나눈 대화는 더 심란했습니다. "그들('그들'은 '인간발달과 심리학' 학과의 동료를 지칭합니다)이 조사 방법에 관해 나와 이야기하고 싶다는 거지? 내가 제시한 샘플을 절반 정도만 본 사람들이?" 학장은 분명 내 편이었습니다. "거기 가지 않는 게 좋겠다"고 점잖게 충고하더군요. 그녀는 나에게 전략적으로 굴라고, 말하는 시점이나 방식을 세심하게 선택해야 한다고 조언했습니다. 내 목소리가 그들에게 들리기를 바라기 때문이라면서요. 그건 여러 이유 중 하나일뿐이었습니다.

"그 말은 하지 마. 그런 말을 하면 사람들이 듣지 않을 거야. 쉿." 소녀들과 함께 지내던 그 시절, 소녀들은 성인 여성에게 말

i 많은 자료를 토대로 결과를 예측할 때 그 결과값이 평균에 가까워지려는 경향성을 의미하는 'regression toward the mean'과 유사한 개념으로 추정된다.

하지 말라는 조언을 반복해서 듣는다고 말하곤 했습니다. 그들은 소녀들에게 실제로 느끼고 생각하는 바를 말하지 말고 타인이 듣고 싶어 하는 말이 무엇인지 잘 살펴보라고 조언했습니다. 소녀는 자신의 경험에서 우러나오는 말을 하지 못하도록 다른 성인 여성에게 제지당한 채 성인의 길로 들어섭니다. 그 여성들은 말함으로써 치러야 할 대가와 말하지 않음으로써 얻는 이득을 알고 있지요. 성인으로의 입문 과정에 있는 소녀들은 단단하게 발을 딛고 서 있던 땅에서 불확실성의 영역으로 이동하는 중입니다. 소녀들과의 인터뷰를 옮겨 적다 보면 이런 이동은 "모르겠어요"라는 말로 식별할 수 있습니다. 소녀들은 그들이 본 대로 말하지 못하고 들은 대로 듣지 못하며 아는 것을 알지 못하게 하는 자극물이 널리 깔린 구조 안으로 들어섭니다. 그 구조란 순전히 자아가 없는 여성, 겉보기에 자기 목소리나 욕구를 갖지 않은 채 타인에게 반응만 하는 여성이 되도록 굴레를 씌우는 틀이죠. 자기 자신을 위해 말하는 여성은 '이기적'이거나 만용을 부린다고 치부되어버리는 틀입니다.

『다른 목소리로』는 울림을 만들었습니다. 그 책은 나를 포함한 모든 사람을 깜짝 놀라게 했지요. 그러나 소녀들과의 연구는 훨씬 더 근본적인 것, 문제의 뿌리를 드러냈습니다. 즉 인간의 성장과 가부장제 문화 사이에는 팽팽한 긴장이 존재한다는 사실이었습니다.

"당신의 연구는 연구가 아니라 시집이에요." 하버드대학교에 머물던 시절, 같은 학과에서 일하던 어느 여성이 한 말입니다. 나는 그 말을 칭찬으로 받아들였습니다. 비방은 귀담아듣지 않았습니다. 내게 지도받던 석사과정 학생들은 내 연구가 심리학이 아니라 페미니즘이고 과학이 아니라 정치학이라는 말을 들어야 했습니다. 학위 위원회 교수들이 내 제자들의 논문 계획서를 거부하며 그렇게 말했다고 합니다. 그때가 1990년대 중반이었습니다. 하버드에 10년간 재직하고 있었지만 여전히 내 연구는 '다른 목소리'가 인간의 목소리로 들리는 것이 아니라 다만 감성적 측면에서 구체적이고 반응적이고 관계적이라 하여 여성의 목소리로 들리는 그 틀 안에 갇혀 있었던 것입니다. 내 연구가 밖으로 끄집어내어 문제를 제기했던 바로 그 틀 안에 말이죠.

고어와 부시가 선거전을 치른 2000년, 젠더별 투표 차이가 크게 벌어졌습니다. 1980년 이후 그 차이가 점점 커졌는데 아마 여성들이 권리를 주장할 뿐 아니라 스스로의 말에 귀 기울이도록 독려하는 제2 페미니즘의 물결이 반영되었기 때문이었을 겁니다. 여성에게 투표권이 주어진 이래 처음으로 1996년 여성의 표로 대통령이 선출되었습니다.

2000년 5월 보수 집단인 '미국기업협회American Enterprise Institute'에 소속된 철학자 크리스티나 호프 소머스Christina Hoff Sommers가 「애틀랜틱Atlantic」[i] 커버스토리에서 나를 비난했습니다. 그녀는

i 미국 시사 잡지

곧 나올 자신의 책 『소년은 어떻게 사라지는가』에 내가 시비를 건다며 비난하더군요.[6] 그녀는 하버드 학부생 한 명의 힘을 교묘하게 이용했어요. 그 학생은 내 연구실로 전화를 걸어와 수업 보고서에 쓸 자료를 얻고 싶다며 조교에게 인터뷰 원고를 참고할 수 있는지 물었다고 합니다. 나는 그들이 무슨 대화를 나눴는지 모릅니다. 사실 그 원고는 '래드클리프 머리 연구소Murray Research Center at Radcliffe'에서 이용할 수 있는 것이었습니다. 학부생이라면 누구나 자격 있는 연구자로서 자유롭게 접근할 수 있는 자료입니다. 어쨌든 내게는 아무런 근거 자료도 없으며, 내 주장에 논거가 없으니 내가 한 연구는 학문이 아니라 정치학이라고 쓴 기사가 「애틀랜틱」에 개재되었고 나는 어이가 없었습니다. 소머스의 눈으로 보면 미국 선거에서 젠더 간 표차가 높아지는 현상은 여성들이 페미니스트에 의해 잘못된 길로 간다는 증거였습니다.

한 여성은 내게 자신이 구매한 『다른 목소리로』와 함께 책값으로 지불한 5.95달러를 환불해달라고 요구하는 편지를 보내왔습니다.

나는 정치학이 작동한다는 사실을 알 수 있었습니다. 선거가 다가오고 있었지요. 그들은 가부장적이지 않은 '다른' 목소리에 현혹되지 말라고, 페미니스트들이 남성과의 전면전에 돌입했다고 떠듭니다. 여성이 자신들의 주장에 설득된다면 득표수에 반영되는 젠더 차이가 사라질 것이라고 예상하더군요. 여성 표의 향방이 더 이상 남성 표의 향방과 다르지 않을 것이며 남성은 공화당에 표를 던지는 성향이 있음을 감안한다면 부시가 대통령으로 선출될 것이라는 예측이었지요. 소머스의 책은 과연 시기적절했습니다. 여성들의 자신감을 위축시킨 후 자기 생각을 표출하거나 소녀들을 옹호할 경우 생길 불이익을 걱정하고 두려워하게 만든다면, 그 반사이익으로 여성 운동의 효과를 무효화하고 가부장제 질서를 회복할 만큼 충분히 투표의 향방을 바꿀 수 있으리라고 생각하는 듯했습니다.

2000년은 미국 정치의 분수령이었습니다. 민주주의 제도와 가치에 대해 미국인이 갖고 있는 자부심을 전제로 하면 논란이 된 선거와 정치적으로 양극단화되어 대통령직을 결정한 대법원의 판결은 치명적이었죠.[i] 어떻게 우리의 관점이 민주주의라고 주장할 수 있겠습니까? 어떻게 우리가 아는 것을 안다고 주장할 수 있을까요? 이러한 어려움 속에서 거리 두기와 사회적 이탈의 분위기가 무르익었습니다.

많은 이가 나의 책에 공감함에도 그 구조가 같은 자리에서 꼼짝도 하지 않고 유지되는 이유가 무엇인지 이해되지 않아 무척

i 2000년에 치러진 대통령 선거에서 민주당의 고어와 공화당의 부시가 접전을 벌이면서 미국 역사상 유례없는 선거전이 펼쳐졌다. 일반 투표에서는 고어가, 선거인단 투표에서는 부시가 아주 적은 표차로 승리했고 선거인단 25석이 걸린 플로리다주에서는 재검표까지 이루어졌다. 이 과정에서 연이은 의혹과 폭로로 여론은 분열되었고, 부시 측은 재검표를 중지할 것을 법원에 요청했다. 결국 연방대법원까지 소송이 진행되었고, 12월 13일 대법원은 재개표를 그만두라는 판결을 내렸다. 고어가 '동의할 수는 없으나 받아들이겠다'고 선언하면서 부시의 당선이 확정되었다.

난감했습니다. 『다른 목소리로』 2쪽에서 나는 이렇게 말했지요. “내가 설명하는 다른 목소리는 젠더가 아니라 주제에 의해 특징지어진다.”[7] 린 브라운Lyn Brown과 나는 『교차로에서 만나기』의 서문에 이렇게 썼습니다. “우리 연구에 참가한 소녀 중 20퍼센트가 노동 계층 가족 출신이며 장학금을 받고 학교에 다니고, 14퍼센트는 유색인이라는 사실을 강조하는 것이 중요하다.”[8]

이 책은 아무런 변화도 일으키지 않았습니다. 구조는 너무나 굳건했습니다. 여성의 목소리는 남성의 목소리와 다르다고 말하기는 쉬웠으나 여성의 목소리로 구조가 바뀌는 것을 목격하는 일은 결코 쉽지 않았습니다. 여성들 사이의 분열에 초점을 맞추고 백인 소녀들이 그들의 특권에 얼마나 무감각할 수 있는지를 보는 것은 쉬운 반면, 그들을 분열시키는 문화에 대항하는 소녀들의 목소리를 듣기는 쉽지 않았습니다.

나는 반환점에 이르렀습니다. 소녀와 성인 여성들과의 프로젝트, 어린 소년과 그 아버지가 함께 참여한 연구, 위기에 선 커플을 주제로 한 연구를 계속 진행해나가자 더 깊이 파고들어야 할 질문이 거듭 생겨났습니다. 그러나 나는 이 작업을 통해 발견한 공명과 이 작업이 도전하는 구조의 완강함 사이에서 생기는 긴장감에 더욱 주목했습니다.

1998년 가을, 뉴욕대학교 법학대학 메이어 초빙 연구교수로 뉴욕에 갔습니다. 하버드대학교에서는 인간발달과 심리학 학과에 재직했지요. 심리학에서 보면 저항은 부정적인 의미를 가집니다. 흔히 치료에 저항하고 학교 가기 싫어하고 성장의 필수 과정인 분리를 거부하고 진실이나 현실을 직면하지 않으려 하는 자세를 일컫습니다. 아버지의 죽음을 받아들이려 하지 않는다거나 자신이 화가 났다는 사실을 인정하지 않으려고 저항하는 것 말입니다.

뉴욕대학교에 가기 위해 내가 자란 곳, 뉴욕에 왔습니다. 내 내면에서 어떤 변화가 일어났는지 알겠더군요. 내가 연구를 통해 대적했던 그 구조를 그저 힐끗 보는 게 아니라 정면으로 마주하기 위해 온 것이었습니다. 법학대학에서 학생들을 가르치다 보니 가부장제와 마주하기가 좀 더 수월해졌습니다. 법 분야에서는 규범적 윤리 틀이 존재한다는 것이 그리 문제되지 않았으니까요. 뉴욕대학교에서 보낸 첫해에 나는 페기 쿠퍼 데이비스Peggy Cooper Davis와 공동 수업을 진행했습니다. 그녀는 『간과된 이야기Neglected Stories』[9]에서 14차 수정법안을 다루었습니다. 헌법 개정이 노예제도나 다름없는 혹독한 결혼 관계와 가족 관계를 보호하는 데 공헌했다고 주장했지요. 나는 데이비드 리처즈와도 공동 수업을 진행했습니다. 그는 『여성, 동성애자, 헌법Women, Gays, and the Constitution』[10]에서 법제도의 폐지를 주장하는 페미니즘에 대해 알려주었습니다. 이런 환경에 있다 보니 가부장제 구조가 어떻게 변화하는지 쉽게 알 수 있었습니다. 또한 심리학의 관점에서 관계를 상실했을 때 나타나는 건강한 저항이 무엇인지, 그것의 정치적 파장은 무엇인지도 더 쉽게 탐색할 수 있었지요.

나는 『다른 목소리로』와 더불어 침묵을 깼습니다. 연구에 참여한 여성들의 목소리에서 공명을 찾아내고 예술가들의 목소리에서도 공명을 찾아낸 후 도덕성과 인간의 성장에 관해 내가 진심으로 생각하는 바를 말할 방법을 발견했습니다. 거리 두기를 하던 자리에서 적극 개입하는 자리로 이동했습니다. 사회와 소원해지는 전략에서 건강한 저항으로 노선을 바꾼 것이죠.

2002년 『기쁨의 탄생』을 통해 나의 저항은 돌이킬 수 없이 정치적인 성향을 띠게 되었습니다. 그 당시 '다른 목소리'를 내는 목소리라 함은 가부장제의 목소리, 특혜를 받는 남성의 관점으로 말하는 목소리, 단순한 목소리가 아니라 사실의 진술로 들리는 목소리, 즉 진실 및 도덕적 권위가 실린 목소리라는 생각이 또렷해졌습니다. 『기쁨의 탄생』에서 나는 가모장제와 대비되는 용어가 아니라 민주주의와 대비된다는 의미에서 가부장제라는 말을 처음 사용했습니다.[11] 그리고 시인 조리 그레이엄Jorie Graham을 인용합니다. "진실은 얼마나 멀리 있을까?/ 땅 밑 얼마나 깊숙이/ 시선은 닿을 수 있으며/ 그러고도 여전히 사랑일 수 있을까?"[12] 성장에 관한 연구가 진실에 대한 탐색에서 시작했다가 사랑에 대한 질문으로 바뀌었기 때문입니다.

소녀와 성인 여성들과의 프로젝트, 어린 소년과 그 아버지와의 연구에서는 우리가 우리의 진짜 생각 및 감정과는 전혀 다른 생각을 갖는 이유와 그렇게 되는 시기, 그 방법을 놀랍도록 자세하게 보여주었습니다. 나는 언제 어떻게 구조가 바뀌는지, 사회와의 단절이 어떤 식으로 자리 잡는지, 그리하여 우리가 글자 그대로 우리 눈앞에 놓인 올바른 것을 어떻게 보지 못하게 되는지 혹은 우리가 깊은 내면에선 알고 있는 것을 어떻게 알지 못하게 되는지를 보았습니다. 나는 새로운 지도를 그리고 있었습니다. 눈 감고 침묵해야 사랑이 따라오는 게 아니라 직접 목격하고 알아가는 가운데 사랑이 가능해지는 곳, 그런 세상의 지도 말이죠.

이때 발견한 두 가지 사실이 지금도 내게 인상적으로 남아 있습니다. 둘 다 놀라운 발견입니다. 첫째는 당연해 보이는 구조에 문제를 제기함으로써 예상치 못한 목소리를 들을 수 있다는 것입니다. 가부장제 문화의 각본에 맞추어 목소리를 내지만 심장 한가운데에는 감성적 지능이 뛰어나며 관계에 반응하는 목소리가 숨죽이고 있었습니다. 마치 부름을 받으려고 기다리는 것처럼 말이죠. 소녀들과 연구를 하다 보니 대화 아래 숨어 있는 대화에 귀 기울여야 했고, 그만큼 예민함이 발달했습니다. 내 물음에 대한 청소년기 소녀들의 대답이 실라가 "나를 보살필 만큼 나 자신을 사랑하지 않아요"라고 말했을 때와 같이 마치 연습한 것처럼, 녹음한 것처럼 들려서 자꾸 물었습니다. "그게 사실이니? 정말 그걸 믿어? 정말 그렇게 생각해?" 내가 이렇게 물으면 비로소 말하지요. "사실……." 자신의 진짜 생각이나 감정을 나에게 말하려 할 때 꺼내드는 카드입니다.

그런데 이것이 소녀에게만 해당되는 사항은 아닙니다. 결혼생활에 위기를 맞은 필이라는 남성은 "궁극의 악몽은 아내가 다른 남자의 품에 안긴 장면"이라고 말했습니다. 내가 다시 물었지요. "그것이 왜 궁극의 악몽인가요?"[13] 이 질문은 전혀 예상치 못한 목소리를 소환했습니다. 가부장제의 대본을 그대로 옮긴 목소리 아래에 다른 목소리가 숨어 있었던 거지요. 다시 '사실'이라는 말이 등장해 심경의 변화를 예고합니다. "사실 궁극의 악몽은 말이죠, 내가 정말 어떤 느낌인지, 어떤 남편인지 말할 기회가 없어지지나 않을까, 그녀를 사랑하고 있음을 온 마음으로 보여줄 기회가 더 이상 주어지지 않는 것 아닐까 하는 것입니다."[14] 이 말은 필이 자신과 아내 사이에서 무슨 일이 일어나고 있는지 안다는 뜻이었죠.

내가 던진 질문은, 자존감을 무너뜨려 소녀를 고통 속으로 몰아넣고, 아내의 외도를 최악의 상황이라고 여기도록 남성을 세뇌하는 가부장제 각본에 던진 문제의식이었습니다. 바로 이런 질문을 던짐으로써 깊이 묻어두었던 목소리가 드러났습니다. 그런 목소리가 있다는 사실 자체가 논쟁거리인 바로 그 목소리를 밖으로 해방시키도록 공명한 겁니다. 나는 구조를 드러내는 것이 얼마나 쉬운 일인지, 이 구조 때문에 수치스러움으로 낙인찍히고 침묵의 늪에 빠져 영영 돌아오지 못한 목소리가 얼마나 많은지 금세 깨달았죠. 또한 객관성 혹은 중립성을 지킨다는 명분이 연구에 적용되어 가부장제를 유지하는 데 이바지하는 경우가 허다하다는 사실도 깨달았습니다. 문화 구조에 문제를 제기하지도, 도전하지도 않은 채 객관성이라는 명분만 앞세운 연구는 그 구조를 그 자리에 그대로 고착시키는 데 한몫합니다.

두 번째 진실 또한 나를 놀라게 했습니다. 10년 동안 '여성 심리와 소녀들의 성장에 관한 하버드 프로젝트'를 진행하면서 성인 여성들과도 긴밀하게 작업했습니다. 우리가 함께한 작업은 변화를 거듭해왔습니다. 클리블랜드 로럴 학교 행정가와 선생님이 시작한 '소녀를 가르치는 성인 여성/ 성인 여성을 가르치는 소녀 프로그램The Women Teaching Girls/Girls Teaching Women retreats'은 이후 보스턴에 위치한 공립학교들의 교장선생님과 중학교 선생님에게로 이어졌습니다. 이 프로그램은 여성에게 힘을 불어넣고 거리 두기 전략에서 적극 참여하기로 방향을 바꾸게 합니다. 달리 말하면 사회에서 격리된 상황에서 벗어나 건강한 저항으로 변화하도록 고무하는 공동체를 만들고자 운영한 것입니다.

'여성 심리와 소녀들의 성장에 관한 하버드 프로젝트'를 통해 성인 여성과 소녀의 말을 귀 기울여 들은 후 우리가 배운 인간의 성장 및 조건을 정리해 다섯 권의 책으로 엮었습니다. '여성과 인종 프로그램'은 백인과 흑인, 갈색 피부를 가진 여성들 사이의 분열을 주제로 곤란한 질문을 던집니다. "한밤중에 그들이 날 공격했을 때 당신은 어디에 있었나요?" 같은 신랄한 질문이 쏟아지지요. 흑인, 백인, 갈색 피부를 가진 소녀들의 목소리는 우리를 과거에서 미래로, 비난에서 변화로, 거리 두기와 소외에서 항의와 회복으로 이동하도록 부추깁니다.

'학습 프로그램Teaching retreats', '하버드 연구 집단 프로젝트', '여성과 인종 프로그램' 등을 진행하며 변화의 잠재력을 손에 잡힐 듯 생생하게 느꼈으나 분위기의 변화는 말할 것도 없고 제도적 차원에서도 변화가 나타나기 시작할 즈음 너무나 급작스럽게 집단이 깨졌습니다. 여성들 사이에서 갈등이 터진 것은 아니었습니다. 우리는 그 전에 갈등을 다룬 적이 있습니다. 이번에는 무슨 일이 일어난 것인지 이야기할 수 없었습니다. 세 경우 모두 배반이라 할 만한 일이 벌어진 뒤 분열이 따라왔습니다. 그 일은 상황이 꼬일 때 동지로 인정할 만큼 다른 여성을 믿을 수 있을지 그리고 자신이 직접 경험한 일을 과연 신뢰할 수 있을지에 관한 질문을 던지게 했습니다.[15]

상황이 이렇다 보니 다음 단계로 나아가야 한다는 생각에 마음이 조급해졌습니다. 건강한 저항을 불러올 방법은 알겠는데 내적으로나 외적으로 침묵을 강요하는 권력에 정치적으로 맞서는 저항을 어떻게 유지할 수 있는지 전략적인 방법은 알지 못했습니다. 어디에서나 변화의 첫발을 뗄 수 있다는 사실은 알고 있었지요. 동료이자 극단에서 일하는 노미 노엘이 '첼로가 있는 방'이라 일컫는 공간을 마련한다면 가능합니다. 노미는 가슴 깊이 진실이라고 인식하는 것을 큰 소리로 외치면 그 목소리가 반향되어 되돌아오는 장소를 그렇게 부릅니다.

"내 딸이 나와의 관계를 놓치지 않았으면 해요." 열한 살짜리 딸의 활달하고 솔직한 모습을 보면서 딸과의 관계를 소중하게 여기는 아버지가 한 말입니다. 나는 그에게 "당신은 딸의 사회적인 변화에 관여하고 있군요"라고 말했지요. 그렇게 말한 이유는, 나는 그 누구보다 인간다운 미덕을 지키고 있는 청소년기 이전의 소녀들과 네다섯 살 정도 되는 소년들이 바로 그즈음 뭔가 현실적이고 거칠고 강력하고 신비로운 힘에 부딪힌다는 사실을 잘 알고 있었기 때문입니다. 그 힘은 톨스토이가 말하고 애덤이 이야기한 대로 『오레스테이아』보다 더 오래전부터 내려온 가부장제 구조이며 우리를 '별생각 없이' 행동하게 이끄는 힘입니다.

상실에 대한 나오미의 질문과 볼비의 설명이 연결되며 기가 막힐 정도로 정확하게 가부장제의 운영 방식을 설명할 수 있었습니다. 클리블랜드 미술관에서 보았던 탁자 분수Table Fountain 이미지가 떠올랐습니다. 14세기에 만들어진 그 탁자 분수의 복잡하면서도 섬세한 디자인을 보면 감탄이 절로 나옵니다. 분수 꼭대기에 마련된 작은 분출구에서 나온 물이 아래에 설치된 바퀴를 돌리고 다시 그 바퀴가 작은 종을 흔들어 소리를 냅니다. 관계를 맺으려는 인간의 욕망 그리고 인간에게 꼭 필요한 관계 맺는 능력을 생각해봅니다. 위계질서를 만들어내고 이를 유지하려면 이런 능력이나 욕망은 제지하고 억압해야 할 표적이 됩니다. 아기와 무표정한 어머니의 유튜브 영상에서 보았듯이 정상적인 상황에서라면 관계에 생기는 이상 징후를 누구든 즉각 알아차리고 그것을 원상태로 회복시키려 애씁니다. 그러나 이 지점에서 가부장제나 가부장제의 젠더 규정은 탁월하고도 명백한 심리적 기능을 발휘합니다. 젠더 규정은 일단 관계에 손상을 입히려 하고 그 균열을 회복하려는 노력을 수치스러운 것으로 전락시킴으로써 관계의 상실을 회복 불가능한 것으로 변질시킵니다.

볼비가 설명한 대로 상호 호응이 전제되지 않는 관계가 난무하는 환경에서는 거리 두기가 오히려 그 상황에 적응하는 데 필요한 전략이 됩니다. 그러므로 우리는 가부장제 문화에 다양한 방식으로 적응합니다. 관계에서 거리를 두거나, 자족적이고 독립적이며 타인이 필요치 않은 것처럼 행세하거나, 아니면 자아가 실리지 않은 목소리를 내거나, 욕구와 자기 자신에 대한 인식조차 없어 보이도록 하는 겁니다. 우리는 우리가 하는 일이 명예롭다거나 선하다고 말하지만 내면으로는 이것이 사실이 아님을 잘 알고 있습니다.

케임브리지에서 뉴욕으로 옮길 당시는 내게 격변의 시절이었습니다. 바로 그때 몇 년째 풀리지 않던 뭔가가 분명해졌습니다. 감금되었던 목소리를 풀어내는 데 걸리는 시간이 실은 거의 찰나에 불과하다는 사실을 발견하면서 거듭 놀라지 않을 수 없었습니다. 그것은 기존에 배운 인간 심리와 연구 방법을 모두 부정하는 것과 다름없었습니다. 명백한 것을 보지 못하게 하고, 분명히 아는 것을 말하지 못하게 하는 구조를 그 자리에 안존하도록 만드는 힘에 나는 말문이 막혔습니다.

공명 찾기와 끊어진 관계 잇기

✦✦ 나오미와 캐럴

우리는 상실을 안전하게 은폐하기 위해 사랑과 민주주의를 희생시킵니다. 그러나 가부장제를 그 자리에 버티게 하는 상실의 심리학은 저항과 변형의 씨앗이기도 합니다. 상실을 경험할 때 자연스럽게 나타나는 반응은 항의입니다. 이런 항의의 목소리에 공명함으로써 분노한 희망의 목소리가 건강한 저항의 목소리임을 알아듣습니다. 또한 그 목소리가 인간적인 목소리라는 것, 분노가 섞여 있다 하여 여성답지 않은 것도 아니고 취약함과 배려를 표현한다고 하여 남성답지 않은 것도 아님을 알아들음으로써 끊어진 관계를 다시 이을 힘이 생깁니다. 관계의 단절은 가부장제와 모든 형태의 부당함이 존립하는 데 필요한 조건이기도 하죠.

공명의 중요성을 강조할 때 악기의 공명판이 소리를 증폭시키는 방식이라든가, 우리가 하는 말이 우리에게 되돌아올 때 어떤 식으로 영향받는지를 언급합니다. 우리가 말할 때 어떤 반응이 오는지, 우리가 하는 말이 타인과 공명할지 아니면 메아리 없이 사라질지에 따라 말할 수 있는 것과 말하게 될 것이 결정됩니다. 내가 한 말이 공명을 얻지 못하거나 왜곡된 상태로 돌아온다면 진심이 전달되지 않았음을 알게 되므로 타인과 연결되어 있지 않음을 절감할 뿐 아니라 말하고자 하는 바를 전달할 자신의 능력까지 의심하게 됩니다.

그러나 성장에 관한 연구에서 밝혀졌다시피 관계의 단절에 항의하는 목소리는 가부장제에 저항하는 목소리며 그것이 설령 강압에 눌려 침묵 속으로 밀려난다 하더라도 영원히 없어지는 것은 아닙니다. 연구에 등장하는 사례에서 보듯이 비록 처음에는 저항하는 목소리를 내지 않을지라도 "이것이 왜 궁극적인 악몽인가요?"라든가 "정말 그런 느낌이 드나요?" 같은 단순한 질문만 받아도 저항은 금세 목소리를 얻어 밖으로 튀어나옵니다. 이런 단순한 질문은 가부장제를 논하는 목소리에 출구를 만들어주며 잔잔한 표면에 파문을 일으킵니다.

이런 질문을 던진다는 것 자체가 관계가 끊어졌음에 대한 항의죠. 결혼생활에 위기를 맞은 필과 진짜 자신은 감춰져 있다는 사실을 처음부터 숨겨온 실라의 경우를 생각해봅니다. 그들은 공명을 얻지 못한다면 속마음을 숨겨야 한다거나 부끄럽게 여겨야 한다고 생각했을 테지만 공명을 얻은 뒤에는 순식간에 속마음을 털어놓습니다. 어쩌면 그들의 생각이 사람들 귀에는 들리지 않았고 따라서 이해받지 못했을 수도 있습니다. 사실 실라는 진실을 말하지 않음으로써 치러야 했던 대가를 잘 알고 있었지요. 관계 속에서 솔직하고 싶었던 욕구, 그것이 대가이고 희생제물이었습니다. 필은 자신의 속마음을 드러내 아내에게 사랑한다고 말하지 못했기 때문에 치러야 했던 대가를 알고 있었습니다.

이제 우리는 가부장제 정치학이 단절에 대한 항의와 저항의 심리학을 어떤 식으로 역전시켰는지 알게 되었습니다. 물론 이 심리학은 정치적으로 변화하기 위해 지속적으로 기회와 출구를 만들고 있습니다. 간단히 말해 관계를 맺고자 하는 열망과 능력이 설령 흔적만 남아 있다 하더라도 사랑과 민주주의를 되살릴 가능성은 계속 열려 있습니다. 물론 가부장제 정치학은 끊임없이 그 가능성을 차단하려 하겠지만 말이죠. 이제 해결책은 두 가지 과제로 모아집니다. 첫 번째 단계는 건강한 저항과 손잡고 정치학을 변형시킬 심리학에 정진하는 것입니다. 두 번째 단계는 관계 회복 능력을 억압하고, 건강한 저항을 절망과 거리 두기로 뒤바꾸며, 마침내 억압과 부당함을 자행하는 데 앞장서온 정치적, 문화적 권력의 이름을 큰 소리로 불러내 한판 겨루기를 하는 것입니다.

가부장제와 결별하는 사람들

♦ **캐럴**

내리막길이었습니다. 한쪽은 영화 「아라비아의 로렌스Lawrence of Arabia」[i]에 나올 법한 광활한 사막이었습니다. 이번에 여러모로 낯선 영토를 횡단하는 주인공은 '여성'들입니다. 가족, 문화, 종교, 사회계층, 피부 색깔 같은 익숙한 영토가 아니고 아버지를 지지하는 영토도 아닙니다. 딸로서, (남성들도 우리와 함께했으니) 실은 자녀로서 우리는 서로 화해하기 위해 함께 모였습니다. 『구약성서』에 나오는 아브라함 시대의 어머니 사라와 하갈에게서 태어난 자녀들로서 화해를 시도합니다.

i 1962년에 데이비드 린 감독이 연출한 영화

이스라엘인과 팔레스타인인, 아랍인과 유대인, 유대인과 무슬림, 젊은 여성과 늙은 여성, 종교를 가진 여성과 종교가 없는 여성, 안온한 서구 지역 출신 여성과 텔아비브 소수민족 거주지에서 온 여성. 2017년 가을, 우리는 사막을 횡단해 화해의 텐트로 향했습니다. 우리는 가부장제와 결별하는 여성들이었습니다. 이 평화순례에는 우리와 동행한 남성들도 있었습니다.

더운 날이었지요. 찌는 듯한 사막에 대해 익히 들은 터라 '평화를 이끄는 여성Women Wage Peace' 회원들이 입은 것과 같은 흰색 옷을 입었습니다. 그 단체는 2014년 가자지구 전쟁 이후 시작된 평화운동을 주도하고 있었습니다. 텔아비브에 모인 여성들은 "전쟁이 계속되어선 안 된다. 이 갈등은 멈춰야만 한다. 우리에겐 새로운 언어가 필요하다"라고 결의했습니다. 합의가 이루어져야 했지요. 유엔안전보장이사회의 결의안 제1325호에 따라 여성들은 그 과정의 각 단계에 참여해야 했습니다.[1]

도나 커시바움Donna Kirshbaum은 첼리스트이자 랍비, 이 행진을 주도한 여성 중 한 명이었습니다. 그녀는 '평화를 이끄는 여성' 회원들이 쓴 물빛 스카프와 물빛 야구모자를 나에게 가져다주었습니다. 그녀가 모자 위에 두른 스카프가 이동식 천막이 되어 넘실거리는 모습을 지켜보았습니다. 우리는 환영의 텐트를 떠나 사막 안으로 이동했습니다.

『댈러웨이 부인』에서도 인용한 셰익스피어의 희곡 「심벨린Cymbeline」의 대사가 떠오르더군요. "더 이상 태양의 열기가 두렵지 않다." 사실은 엄청 더웠습니다. 그러나 조심하라고 충고한 미국인 친구들이나 예루살렘에서 운전하는 것을 걱정하며 이스라엘 친구가 심어준 두려움은 사라졌습니다. 서로 어우러지지 못하도록 우리를 가로막는 온갖 장애물이 다 등장했지만 여성들은 해방된 듯 함께 어울렸고 그러고 나니 환희가 찾아오더군요.

우리는 팔레스타인 사람들도 허락 없이 들어올 수 있는 이스라엘 C 지역에 있었습니다. 한쪽에는 사해가 있고 저 멀리에는 요르단 언덕이 있는, 세상에서 가장 낮은 지역이었습니다. 그곳에 수천 명의 여성이 모였습니다. 사람마다 파악한 인원수가 다르긴 했지만 대략 팔레스타인 사람 3,000~5,000명, 이스라엘 사람 5,000~7,000명으로 추정되었습니다. 정확한 숫자는 알 수 없었으나 어쨌든 장엄하고 감동적이었습니다. 여성들은 평화를 이끌어내고, 정치 지도자인 아바스Mahmoud Abbas[i]와 네타냐후Benjamin Netanyahu[ii]에게 압력을 넣기 위해, 이스라엘과 팔레스타인 자치정부 간 협상을 촉구하기 위해 모든 분열의 선을 넘어 모였습니다.

사막 자체가 후끈하기도 했지만 여러 여성의 존재가 사막을 더욱 뜨겁게 달구었습니다. 이스라엘인은 대개 흰 옷을 입었고, 모자를 쓴 사람도 있었습니다. 팔레스타인인은 대개 머리에 스

i 2005년부터 지금까지 팔레스타인 자치정부의 수반이다.

ii 2009년부터 지금까지 이스라엘 총리를 맡고 있다.

카프를 둘러썼고 어떤 이들은 아바야[iii]를 입었습니다. 모두가 즐거워 보였지요. 비틀스가 그러했듯이 우리 역시 공통된 의도를 가지고 함께 모였습니다. 삶이 아무리 이질적이더라도, 출발점과 지향점이 아무리 상이하더라도 우리는 이제 여성이 평화를 이끌 때가 왔다는 단호한 결의를 공유했습니다.

이스라엘 여성과 팔레스타인 여성에게 깊고 넓은 분열을 넘어 여성으로서 함께하도록 자극한 결단이었습니다. 복잡한 상황을 자신들의 손으로 직접 해결하겠다는 결의였습니다. "왜 여성인가? 왜 지금인가?" 가자지구 전쟁이 끝난 후 곧바로 도나 커시바움은 이렇게 물었습니다. 그리고 "당장 다른 언어가 필요하기" 때문이라고 답했지요. 지금까지와는 다른 질문을 해야 합니다. 무엇이 정당한가가 아니라 어떻게 반응할 것인가라는 질문 말입니다.[2]

교섭이 실패하고 갈등이 결국 파국으로 치닫는 상황을 그저 망연자실 앉아서 두고 보는 일은 더 이상 없어야 할 테니까요. 여성으로서 아이들이 희생당하는 것을 막지 않을 수 없기 때문이죠. 여성으로서 그동안 옆으로 밀려나 있었기 때문이고 여성으로서 다른 경험을 하고 다른 상황에 부딪히면서 다른 목소리로 대화할 수 있었기 때문입니다.

처음부터 여성들의 다양성이 수렴되어야 한다는 당위가 있었

iii 아랍권 여성들이 입는 검은 망토 모양의 옷. 얼굴과 손발을 제외한 전신을 가린다.

고 나는 주위를 돌아보며 그것을 어렵지 않게 확인할 수 있었습니다. 우리는 평화를 주도하는 여성들입니다. 이 여정이 이끈 곳은 화해의 장소였습니다. 그곳은 과거가 아무리 고난의 연속이었다 하더라도 상황을 바꿀 수 있다는 확신을 품고 서로 화해하기 위해 모인 수천 명의 여성을 수용하고도 남을 만큼 큰 텐트였지요. 우리는 미래를 지키고 우리 모두의 자녀를 구하기 위해 여성으로서 함께 모였지요.

환영의 텐트에서 화해의 텐트까지 몇 킬로미터를 행진했습니다. 나는 모자에 스카프를 두르고 도나를 따라갔습니다. 정말로 태양이 이글거렸지요. 얼굴이 땀범벅이 되었습니다. 아바야를 입고 하이힐을 신은 여성들을 보고 그들의 대담함에 박수를 보냈습니다. 모래언덕 위로 사막 한쪽에 아늑하게 자리 잡은 화해의 텐트 꼭대기가 보이기 시작했습니다. 수천 명에 달하는 이스라엘과 팔레스타인, 유대인과 아랍 여성을 수용할 수 있도록 텐트 두 개가 이어져 있었습니다. 이 여성들은 모두 갈등을 끝장내기로 결심한 사람들이었습니다.

미국 친구들이 무리한 일이라고 말한 바로 그 갈등을 말입니다.

10월 초 어느 일요일, 이스라엘에서 첫날을 맞이했습니다. 가자 지역 경계선 근처 서쪽에서 시작한 '평화로 가는 여정Journey of Peace'은 남에서 북으로, 동에서 유대 사막으로 이동하며 이스라엘을 통과하고 있었습니다. 그 일요일 밤, 평화로 가는 여정은 예루살렘에서 집회를 여는 것으로 마무리되었습니다. 수상 관저에서 멀지 않은 공원에 3만 명이 모였습니다. 미국 인구 비율로 따지면 약 114만 명에 해당하는 숫자입니다. 연사와 가수가 참여한 프로그램이 마련되었습니다. 야엘 데켈바움Yael Deckelbaum과 밴드가 「어머니의 기도Prayer of the Mothers」를 연주했는데 이 곡은 2016년에 '평화를 이끄는 여성'이 주관한 '희망의 행진March of Hope'을 위해 그녀가 작곡한 노래였습니다. 행사는 아랍어와 히브리어로 진행되었고, 간간이 영어가 들리기도 했습니다. 북서부 지역 사마리아에서 온 신앙심 깊은 여성 리오라 하다르Liora Hadar가 이렇게 말했습니다. "수천 명에 달하는 여성이 더 이상 갈등 상황에서 살지 않겠다고 함께 결심한다면 변화가 찾아오리라고 믿습니다." 드루즈인이자 이스라엘의 국회의원이었던 샤키브 슈나안Shachiv Shnaan은 테러리스트의 공격에 경찰이었던 아들 카밀을 잃었다고 말했습니다. "우리는 너무 많이 고통받았습니다. 이스라엘과 팔레스타인 사람들은 그들이 사랑하는 가족을 잃었고 우리는 모두 치유할 수 없는 상처를 안은 채 살아남았습니다. 이렇게 주장하고 싶어요. 우리는 생명은 선택합니다. 우리는 평화를 사랑하는 사람이라고 큰 소리로 말할 자격이 있습니다."

'중동의 평화를 위한 동맹Alliance for Middle East Peace'에서 지역장을 맡고 있는 후다 아부 아르쿠브Huda Abu Arqoub도 말합니다. "헤브론 지역 거주자이며 가자 지역 사람들과 접촉하는 입장에서 나는 여기 당신들에게 가자 지역 사람들 역시 적대감을 끝장내리라 믿고 있으며 간절하게 평화를 원한다고 말하고 싶어 왔습니다. (……) 전쟁에 승자 따위는 없습니다. 우리는 팔레스타인 사람도 이스라엘 사람도 아닙니다. 다만 아이들에게 더 나은 미래를 물려주기 위해 무슨 일이든 할 어머니입니다."

우리는 여성입니다. 우리는 사랑하는 사람을 잃은 가족입니다. 우리는 생명을 선택합니다. 우리는 평화를 사랑합니다. 우리는 아이들에게 더 나은 미래를 물려주기 위해 무슨 일이든 할 어머니입니다.

맞습니다. 어려운 일이지만 수긍하지 않을 수 없는 말입니다. 그것이 얼마나 가능성 없는 일인지, 여성들이 그 일을 이런 식으로 해낼 수 있다고 믿는 게 얼마나 순진한 생각인지 몰라서 품을 수 있는 환상이라고 친구들이 말할 때도 내가 한 말은 이것이 전부였습니다. "맞아, 모든 것이 실패했어. 그렇다고 이런 시도를 하면 안 되는 이유가 뭐지?" 여기에 그들도 동의했습니다. "그래 안 될 이유도 없지."

이유는 없었습니다.

사막 한가운데 놓인 텐트에서는 캔버스 천장을 따라 설치된 파이프에서 시원한 물이 뿜어져 나오고 있었습니다. 물과 음식과 음악이 있었지요. 연설자로 초청된 여성 네 명 중 미국인은 나 혼자였습니다. 다른 이들은 팔레스타인 평화활동가, 이스라엘 유대인 소설가, 이스라엘 아랍 교육자였지요. 우리는 다른 언어로 말했지만 우리 목소리는 함께 섞여 화해의 융단으로 조화를 이루었습니다. 우리 네 명이 앉아 있던 낮은 연단 앞에 수많은 여성이 앉아 사라와 하갈이 겪은 고통을 포함해 모든 이야기에 호응해주었습니다. 사라는 선택받은 자가 됨으로써, 하갈은 자식을 낳을 수 있는 자가 됨으로써 서로에게 고통을 주었지요. 왜 이것이 항상 제로섬 게임이어야만 하나요? 성서에는 종종 선택받은 자와 그렇지 못한 자가 나옵니다. 내 친구 토바 하트먼은 에서에 대해 이야기했습니다. 에서는 어머니에게 총애받는 동생 야곱에게 상속권을 빼앗기고 아버지 이삭에게 묻습니다. "아버지는 오직 한 명에게만 축복을 내리십니까?"

단 한 명에게만 축복이 내려진다는, 다른 사람에게 돌아가기에는 축복의 양이 많지 않다는 신화에 많은 사람이 오랫동안 숨막혀했습니다. 우리가 유대인의 어머니 사라와 무슬림의 어머니 하갈의 딸로서 화해하려면 먼저 그들이 겪었던 고통과 그들이 촉발한 고통을 인정해야만 합니다. 비록 여성이 대부분의 전쟁을 이끌진 않았지만 단순한 방관자도 아니었습니다. 우리는 어머니이며 간접적이라 하더라도 권력과 관계를 맺고 있으니 사실 발생하는 일에 관여할 수도 있었습니다. 그러나 우리는 길을 가로막지 않았으며 길에 누워 그 일을 온몸으로 저지하지도 않았습니다.

연설을 끝내고 나니 한 여성이 내게 "당신이 방금 한 이야기는 글로 쓰지 않았으면 좋겠다"고 말하더군요. 그녀는 자신이 이스라엘인이자 유대인이라서 자유롭게 말해도 된다고 여기는 듯했습니다. 내 책의 열렬한 독자라고 밝힌 그녀는 수업시간에 내 책을 교재로 택했다고도 말했습니다. "사라에 대한 부분은 글로 쓰지 않는 게 좋겠어요." 그러면 사람들이 사라를 비난할 것이라고 걱정하며 그 말을 반복했습니다.

내 말의 의도는 사라가 이후 눈덩이처럼 불어날 문제의 실마리를 제공했다는 것이었습니다. 더 고귀한 목적 혹은 대의를 위해 자녀를 희생하겠다는 마음 말입니다. 남편 아브라함에게 하갈과 그녀의 아들 이스마엘을 사막으로 쫓아내도록 종용한 사람은 사라였습니다. 그곳에서는 누구든 죽을 수밖에 없을 텐데 말이죠. 기적적으로 하느님이 나타나 모래에서 우물을 샘솟게 하기 전까지는 물 한 방울도 발견할 수 없었지요. 에서에 관해 이야기하며 내 친구 토바는 아케다akedah, 즉 이삭의 결박이 시작되면서 사라가 성서에서 사라진다고 말합니다. 아브라함이 이삭을 희생하기로 결정하자 사라가 그 이야기에서 사라진다는 것이지요. 그녀가 죽고 아브라함이 그녀를 헤브론에 매장한다는 이야기를 제외하고는 더 이상 그녀에 대한 이야기는 볼 수 없습니다. 그러나 유대교의 성서 주석서 『미드라시Midrash』에 따르면 사라는 남편이 아들을 제물로 바치려 한다는 사실을 알고는 울부짖습니다.

유대인들의 새해 명절 로시 하샤나Rosh Hashanah에서 친구 토바는 토라[i]의 한 부분을 강독했습니다. 그때 그녀는 사라가 더 이상 공기가 없어서 죽는다고 말했습니다. 사라는 자신의 아들 이삭을 선택받은 아들, 총애받는 아들로 만들려고 하갈의 아들 이스마엘을 제물로 바치려 한 자신의 행동이 실은 문제를 키운 것임을 깨닫습니다. 자식의 희생이 이어지더니 이번에는 자신의 자식 차례가 됩니다. 비록 이번에도 하느님이 개입해 자녀의 희생을 막긴 하지만 아브라함은 하느님을 향한 자신의 헌신을 증명하기 위해, 이른바 고귀한 목적을 이루기 위해 자식을 희생시키려 합니다.

평화를 이끌고 전쟁에 반대하며 이만하면 충분하다고 말하기 위해 수많은 여성이 함께 모였습니다. 전쟁은 그만두어야 합니다. 우리는 어떤 고귀한 목적이나 명분을 내세우더라도 아이들을 희생시키는 일에 더 이상 힘을 보태지 않겠습니다.

평화를 이끄는 여성으로서, 전쟁에 반대함으로써 남성을 돕는 여성으로서 함께 모였습니다.

행진을 마친 뒤 나는 화해의 텐트로 향했습니다. 사막을 가로지르는 끝없는 여성들의 행렬을 담은 사진을 찾기 위해 컴퓨터를 열고 휴대폰을 찾았습니다. 이것은 가부장제와 결별하는 여성들의 사진이었습니다.[3]

왜 여성이며 왜 지금인가? 도나 커시바움은 2014년 '평화를

i 히브리어로 하느님의 가르침, 부모의 명령을 의미하는데 시간이 지나면서 모세오경을 의미하는 말로 사용되고 있다.

이끄는 여성'이 결성되던 해에 이런 질문을 던졌습니다. 2017년까지 이 단체는 이스라엘에서 가장 큰 풀뿌리 평화운동을 일으켰습니다. 사해 근처에 마련된 텐트 안에서 헤브론에서 온 팔레스타인 사람 후다 아부 아르쿠브가 말했습니다. "여성이 중요하므로, 여성은 포용력이 있으므로, 여기 지도자들을 신뢰했으나 그 지도자들은 우리를 실망시켰으므로, 이제는 여성들이 성공을 일구어낼 때입니다."[4] 가부장제는 여성을 실망시켰습니다. 물론 가부장제 안에서 여성 역시 이득을 취합니다. 일반적으로 소년보다는 소녀가 더 늦게 성인기에 들어서므로 가부장제가 무엇을 위한 구조인지 여성이 더 잘 인식한다는 점에서 그렇습니다. 여성은 가부장제를 상황이 돌아가는 방식보다는 상황을 보는 방식, 말하는 방식으로 인식할 가능성이 높습니다.

이것은 도나가 왜 여성이며 왜 지금인지에 관한 질문에 답하며 언급한 내용입니다. 젠더 규정과 위계질서를 중심으로 하는 가부장제에 입문하면 "자신의 진정한 목소리를 잃고 삶에서 진실이라고 알고 있는 것들과 거리를 두어야 합니다. 진실한 것들은 상호 의존적이며 늘 감정적인 요소를 갖고 있지요." "소녀는 소년보다 이런 입문 과정에 약 10년 정도 더 오래 저항합니다. 이것이 바로 왜 여성이며 왜 지금인지에 대한 대답입니다."[5] 나는 도나의 말을 인용하고 도나는 내 연구를 인용합니다.

「평화를 부르는 외침」은 2017년 이스라엘 국회가 열리던 날 의원들에게 전달된 자료입니다. '평화를 이끄는 여성'의 회원들은 스스로 일종의 여성 국회를 결성했습니다. 기존과는 다른 방식이 있다고 확신했거든요. 절망감을 안은 채 갈등하며 토론하는 과정 안으로 희망이 담긴 다른 목소리를 수렴했습니다. '평화로 가는 여정'을 따라가며 행진하는 이들 속으로 지역 정치인이나 전국 선출직 공무원 등이 합류했습니다. 도시에서 집회가 열리면 그곳 시장이 연설을 했는데 텔아비브 시장은 물론이고 디모나와 티베리아스처럼 우파가 우세한 도시의 시장도 합류했습니다. 매주 월요일마다 '평화를 이끄는 여성'에 소속된 다양한 여성이 국회 정치인들과 함께 갈등을 끝장낼 방안을 협상하며 우선순위를 두고 다툽니다.

왜 여성인가? 여성으로서 우리는 도움이 될 만한 것을 많이 알고 있습니다. 소녀는 여성다움이라는 젠더 규정에 들어가기 전 오랫동안 자신의 품위를 지키는 기간을 갖습니다. 중동 지역에 살고 있는 미국인 커시바움이 일갈했듯이 우리에게는 "더 풍부한 어휘를 익히고 진정한 목소리를 낼 정도까지 성숙해질 수 있는 시간이 충분히 주어집니다. 비록 가부장제의 요구에 의해 상실되는 시기도 있지만 말이죠." "우리는 우리의 목소리가 귀 기울여 들을 만한 가치가 있다는 믿음, 민주주의가 만개한 문화는 바로 이곳을 풍요롭게 할 수 있고 그래야 한다는 믿음을 가진 여성들인 까닭입니다." 여성으로서 우리는 "대화 아래에 존재하는 대화를 알아듣는 법을 배웁니다. 즉 '관계 맺을 기본적 소양'을 상실하도록 종용하는 가부장제 문화에서 고도로 잘 짜인 대본을 학습하지만 그 아래에 묻힌 진정한 목소리를 식별하는 법을 배웁니다."[6] 삶이 가진 진정한 모습이라고 진심으로 알고 있는 것에서 분리되는 시기가 보통은 조금 늦기 때문이지요. 남성은 폭력을 명예와 생존, 권력으로 가는 왕도라 배우지만 우리는 여성으로서 그런 것을 배우지 않거니와 그것이 진실이 아님을 알기 때문이고요.

✦ **나오미**

여성으로서 우리는 귀 기울여 듣는 훈련을 받기 때문에 가부장제 목소리와 다른 인간다운 목소리를 식별할 수 있습니다. 물론 그렇게 하면 안 된다고들 하지요.

'평화로 가는 여정'에 관한 캐럴의 글을 읽으니 여성들이 만들어간 그 길이 가부장제에서 벗어나는 지도가 될 수 있을지 알고 싶어집니다. 전쟁은 가부장제를 지지하는 상실의 순환을 가장 난폭하고 격렬한 방식으로 보여주는 현장입니다. 치열한 갈등에 치여 사회적 차원에서나 가족 차원에서 관계가 사방으로 흩어지죠. 그것이 다시 파멸의 위협이 되어 폭력을 정당화하는 데 사용됩니다. 종종 남성다운 명예를 회복하고 여성과 아이를 보호한다는 명목으로 말입니다. '평화를 이끄는 여성'은 가부장제에서 벗어나는 길, 화해로 가는 길을 비춥니다. 그 길에서는 토론과 설득이 통합니다. 뿐만 아니라 대화와 경청을 거쳐야 하지요. 처벌과 비난을 퍼뜨리지도 않고 고통과 상실을 공유화하지도 않습니다. 그들은 평화를 이끌어내고 전쟁이 내포한 상실에 항의합니다. 여성을 분열시킨다고 힐난하는 바로 그 갈등이 그들을 엮어주는 끈이 되기도 하지요.

'평화를 이끄는 여성'이 열망하는 것은 광대합니다. 그들의 열망을 과소평가하지 않으려면 그 길에 버티고 선 진짜 장애물이 무엇인지 공들여 따져봐야 합니다. '평화를 이끄는 여성' 회원들은 각기 다른 수준으로 혹은 다른 방식으로 갈등에 의해 삶이 피폐해진 경험이 있습니다. 이들은 전쟁으로 자식, 형제자매, 친구, 연인을 잃은 남성과 여성입니다. 그런 상실이, 부당함이 그들의 삶에 남겼을 분노, 절망, 불신을 상상하기란 어렵지 않지요. 이처럼 처참한 영토에서 평화와 화해로 가는 길에는 피눈물 나는 고통과 넘을 수 없을 것 같은 장애물이 가득 차 있습니다. '당신은 당신이 겪는 고통에 일부 책임이 있는 사람에게 공감할 수 있는가?'라는 질문이 생기죠. 공감이 과연 적절한 반응인지 아니면 부당함에 저항하기 위해서라도 책임을 추궁하는 방식으로 그들에게 뭔가를 강력하게 요구해야 하는 건 아닌지 궁금해집니다.

'평화를 이끄는 여성'을 통해 우리는 지금 누군가의 말 깊은 곳에 숨은 근원까지 파고들어 가 변화의 잠재성을 포착하는 듣기의 형태, 즉 '깊이 듣기'[7]가 필요하다는 사실을 배웁니다. 그것은 호기심에서 나오는 듣기 형태인데 목표는 무엇이든 용납하거나 변명하는 것이 아니라 이해하려는 데 있지요. 이해는 제로섬 게임이 아닙니다. 우리는 그들의 행위가 유발한 고통이나 분노를 떠나보내지 않고 잊지도 않은 상태에서 그들의 경험을 이해할 수 있습니다. 이런 방식으로 듣는 것은 급진적인 행위가 될 수 있지요. 급진적 행위를 통해 마음을 열고 타인의 경험과 고통 속으로 들어가면 그동안 완고하게 견지해오던 입장에서 벗어나기도 합니다. 귀를 열어 들을 때 우리는 미지의 것, 새로운 것으로, 공통된 인간애의 인식으로 우리 자신을 개방합니다. 상실의 순환을 끝장내겠다는 욕망을 공유하며 화해에 이르는 길을 가는 '평화를 이끄는 여성'은 절망의 분노에서 벗어나 희망의 분노로 이어지는 길을 찾아냅니다.

2017년 10월, 캐럴과 '평화를 이끄는 여성'이 사막을 횡단했습니다. 전쟁이 만들어낸 처참한 고통과 상실을 경험한 여성들이 아직도 드러나지 않은 '은폐된 학대'를 더 많이 밝혀내고 이에 항의하고자 함께 모여 연대했습니다. 은폐된 학대란 여성에 대한 폭력, 여성의 몸에 대한 침해를 의미합니다. 10월 5일, 「뉴욕타임스」는 하비 와인스타인Harvey Weinstein[i]이 수십 년간 여성들에게 행한 성폭력을 자세하게 다룬 기사를 실었습니다.[8] 같은 주 일요일에는 영화배우 앨리사 밀라노Alyssa Milano가 성추행 혹은 성폭력 피해자인 다른 여성들에게 자신의 트위터 계정에 두 글

i 할리우드 영화제작자

자를 보태라고 촉구하는 글을 올렸습니다. 그것이 바로 '미투Me Too'입니다.

2007년 타라나 버크Tarana Burke가 시작한 미투 운동은 열악한 지역사회에서 분투하는 성폭력 생존자들에게 가닿기 위한 풀뿌리 운동이었습니다. 버크는 「에보니Ebony」[ii]에서 말합니다. "그것은 생존자들의 입소문을 타고 만들어진 구호입니다. 그들이 혼자가 아니라는 것, 근본적인 치유를 위한 운동이 일어나고 있으며 그것이 가능하다는 사실을 사람들에게 알리려는 뜻이지요."[9] 밀라노는 트윗에서 "성추행이나 성폭력을 당한 모든 여성이 하나의 상징으로 '미투'를 쓴다면 우리는 그 문제의 광범위함에 대해 경각심을 일으킬 수 있을 것이다"[10]라고 씁니다. 적절한 조치를 요구하는 그녀의 주장은 일부 남성과 수백만 명에 이르는 여성을 움직였고 드디어 그들은 침묵을 깨고 자신의 피해 상황을 이야기하기에 이르렀습니다.[11] 이런 식으로 고통을 공유함으로써 분노한 희망의 목소리에 새로운 공명이 생겼습니다. 강력한 남성을 칭송하고 그들에게 당한 희생자를 수치스러워하는 문화에 눌려 침묵을 강요당한 목소리, 분노한 희망의 목소리 말입니다. 더 많은 여성이 자신의 성폭력 경험을 이야기할수록 더 많은 다른 여성이 용기를 내어 그들이 아는 바를 말할 수 있습니다.

일부 남성들도 항의에 동참했습니다. 일부는 더 많은 힘을 가

ii 흑인을 대상으로 하는 미국의 월간 잡지

진 남성에 의해 자신이 겪은 성폭력 경험을 드러내기도 했고 다른 일부는 '내가 어떻게 변할지how I will change' 해시태그에 지지한다는 표시를 달았지요. 한 남성은 이런 글을 남겼습니다. "성차별하는 다른 남성들의 정체를 크게 고하겠습니다. 현 상태에 안주하지 않겠습니다. 다른 남성이 여성을 성추행하도록 내버려두지 않겠습니다."[12]

하비 와인스타인 사건과 #미투 운동은 모두가 알고 있던 일을 의식의 차원으로 끌어올리며 순식간에 확대되었지요. 여성들은 진심을 이야기했을 때 누군가가 자신의 이야기를 경청하고, 사건을 폭로했을 때 다른 여성들의 지지를 받는 경험을 합니다. 진심을 말했다고 창피당하거나 사건을 폭로했다고 같은 여성들에게 외면받는 게 아니라요. 또한 남성은 오래도록 하찮게 인식되어온 행동의 결과를 드디어 몸소 경험합니다. 우리는 가부장제의 한 측면을 전략적으로 수용했으나 이제는 그 끝자락에 와 있습니다. 가부장제의 관점에서 남성의 특권, 전쟁의 성과, 특혜와 권력으로 간주되었던 것은 민주주의의 렌즈로 보면 인권 침해이며 권력 남용입니다. 간단히 말해서 '평화를 이끄는 여성' 운동, 트럼프 취임 이후 진행된 여성들의 행진 그리고 #미투 운동은 일부 남성과 더불어 다양하고 규모가 큰 여성 집단의 입장을 대변합니다. 더 이상 가부장제에 동조하지 않을 것이라는 외침입니다.

#미투 운동에 분쟁이 없는 것은 아닙니다. '평화를 이끄는 여

성'도 그렇고 전례가 없는 여성 행진에도 논란이 있습니다. 그들이 걸어가는 모든 단계마다 의견이 갈리고 불만이 터져 나옵니다. 무엇이 평화를 이끄는 가장 좋은 길일지, 여성의 깃발 아래 누가 연설해야 할지, 성추행과 성폭력은 무슨 기준으로 설정할지, 비난에 적절하게 대처하는 방법은 무엇일지에 관한 것들을 포함해서요. 역설적이게도 갈등이 없고 서로의 의견이 크게 다르지 않은 것, 그것이 가부장제의 특징입니다. 가부장제에서 아버지의 목소리에 문제를 제기하기는 쉽지 않습니다. 전체주의 정권은 어떤 반대의 목소리도 용납하지 않으므로 재빨리 침묵 속으로 들어가지요. 반면 민주주의는 갈등과 의견 충돌에 열려 있어야 꽃이 핍니다. 열한 살 테시가 말했듯 갈등을 드러내는 것이야말로 관계를 지속시키는 방법입니다. 상대의 말을 들어야 '그 사람이 어떤 기분인지', 어떻게 하면 '감정을 상하지 않게 할지' 알 수 있으니까요.

지금 우리가 서 있는 곳은?

◆◆ 캐럴과 나오미

우리는 양극단의 시대에 살고 있습니다. 미국에서는 첫 흑인 대통령이 선출되었고 주요 정당 대통령 후보로 여성이 처음 지명되었으며 동성애 결혼이 합법화되었습니다. 그러나 동시에 우리는 여전히 대통령을 포함한 정치 지도자들이 인종차별주의, 성차별주의, 종교적 무관용과 폭력을 공개적으로 지지한다거나 무력으로 갈등을 해소하는 입장에 서는 모습을 목격합니다. 힘 있는 남성들이 성폭력을 저지른 대가로 권좌에서 내려오기도 하지만 이 글을 쓰는 지금 가장 막강한 권력을 가진 미국 대통령은 같은 행동을 했음에도 어떤 대가도 치르지 않고 있습니다. 가부장제는 공격당하는 동시에 여전히 최고의 자리에 머물러 있습니다. 이런 모든 상황을 감안하고 봤을 때 질문을 던지는 우리는 지금 어디쯤에 서 있는 것일까요?

분명 가부장제는 지속되고 있습니다. 그러나 이제는 그 이유를 더 깊이 이해합니다. 민주주의와 가부장제가 벌이는 정치적 싸움에 심리적 투쟁이 개입합니다. 가부장제의 지속성은 삶의 방식이나 신념 체계를 유지하려는 서로 다른 구조 사이에서 권력 다툼과 경쟁에 엮여 있기도 하거니와 사랑을 갈구하는 절박함과 상실의 고통을 피하려는 절실함 사이의 긴장과도 연결되어 있습니다. 젠더 이분법과 위계질서는 관계를 맺지 못하도록, 연대하지 못하도록 방해하는 한편 이 둘을 기반으로 하는 가부장제는 상실의 고통을 막아주는 요새가 됩니다. 물론 사랑을 제물로 바쳐야 하지요.

두 개의 용어가 반복해서 나타납니다. '뭔가'라는 말입니다. 느껴지기는 하지만 이름을 붙일 수는 없는 힘, 묵직하면서도 만질 수 없는, 톨스토이가 말한 대로 거칠지만 신비에 가까운, 강력한 힘을 의미하지요. 두 번째는 '유령', 즉 과거에서 왔으니 죽어 있으나 우리 주변을 맴도는 살아 있는 실체를 가리키는 용어입니다. 뭔가 우리를 움직이는 힘이 감지됩니다. 때로 우리는 의식하지 않은 채, 전혀 알아차리지 못한 채, 별생각 없이 어떤 행위를 하고 있습니다. 그러니 유령 같은 실체라고 할 수 있지요. 마치 햄릿의 아버지처럼 안개 속에서 우리에게 뭔가를 해야 한다고 지시하는 목소리가 있습니다.

젠더가 이 이야기의 중심에 있습니다. 그것이 가부장제의 기반이니까요. 젠더 이분법과 위계질서는 삶의 질서를 구성합니다. 남성에게는 남자가 되기 위해 여성이 되어서는 안 되고 여성처럼 행동해서도 안 된다고 말합니다. 그 반대의 경우도 마찬가지지요. 어떤 남성들은 가부장으로서 최고의 자리에 올라갑니다. 그들은 다른 남성들보다 우위에 있으며 모든 여성보다도 우월한 지위에 놓입니다. 남성과 여성을 이분법으로 가르고 남성을 여성보다 우위에 두는 젠더는 가부장제를 그 자리에 있게 한 문제의 핵심입니다. 더 정밀하게 말하면 젠더는 명예로운 남성이나 착한 여성이 되게 하는 가부장제의 구성 요소입니다. 남성다운 명예와 여성다운 선함이 투영된 도덕성이 가부장제 질서를 세우고 유지하는 핵심이기 때문이지요. 안간힘을 다해 관계를 회복하려는 노력을 수치스럽다며 가치 절하하고, 저항은 그만두고 거리를 두라고 종용하는 것은 남성다움 혹은 여성다움이라는 명분이며 명예와 선함을 위한다는 대의입니다.

그러나 본성의 힘이기도 한 사랑이 벽 아래에서 슬며시 움직이고 있습니다.

가부장제가 여성들의 협조에 힘입어 유지되고 있다는 이야기는 비밀이 아닙니다. 가부장제가 지속되려면 여성의 침묵과 동조가 일부 전제되어야 가능하다는 뜻입니다. 물론 고귀한 목적이나 대의가 주어지면 그것이 무엇이든 자녀를 제물로 바치려는 마음도 한몫합니다. 정신의학자 제임스 길리건과 조너선 셰이Jonathan Shay가 상기시키듯 가부장제는 남성이 수치심과 폭력의 역학에 말려들기 쉽다는 데 전적으로 의존합니다. 이는 이미 호메로스 시절부터 알려져 있는 사실입니다. 셰이의 말을 빌리면 그것은 남성으로 하여금 옳은 것을 배반하게 만들 수도 있습니다.[1]

트럼프가 취임한 뒤 곧 이어진 여성들의 행진에서, 2017년 '평화를 이끄는 여성'이 진행한 화해로 가는 여정에서, #미투 운동과 2017년 「타임」지가 올해의 인물로 선정한 침묵을 깬 여성들에게서,[2] 우리는 여성들이 가부장제와 결별하는 모습을 목격합니다. 또한 여성 운동에 합류하는 바로 그 행위로 남성다움을 털어버리고 자신을 옥죄고 있던 젠더 이분법과 위계질서의 사슬에서 해방되는 남성들도 봅니다. 남성과 여성이 함께 이스라엘과 팔레스타인, 흑인과 백인, 부자와 가난한 자, 동성애자와 이성애자의 경계, 즉 첨예한 분열의 경계를 넘습니다. 이들은 전쟁이 가져다준 상실, 트럼프 선출과 관련한 상실, 수십 년 동안 지속된 학대와 인종차별, 불평등과 성차별로 인한 상실, 이 모든 상실에 항의합니다.

우리는 희망의 분노로 운동이 활기에 넘치는 모습을 봅니다. 희망이란 상황이 바뀔 것이라는, 민주주의에 생긴 크나큰 상처가 아물 수 있다는, 관계가 아무리 남성다운 명예와 여성다운 선함에 끈질기게 매달린다 하더라도 결코 지배, 종속, 폭력, 침묵에 양보하지 않을 것이라는 믿음입니다. 이것은 인간으로서 우리가 화해할 수 있으며 세상에 존재하는 도덕적 포물선이 정의를 향해 그어지고, 결국 희망의 분노가 모든 절망의 분노를 뛰어넘을 것이라는 확신으로 나아가는 운동입니다.

가부장제가 사면초가에 빠졌음에도 여전히 힘을 발휘하는 이 전환점에서 이제 우리의 질문을 마무리하려 합니다. 시작점으로 다시 돌아가 보면 재키와 애덤에게서 우리는 무엇을 배울 수 있을까요?

법조계에 몸담은 이성애자 백인 남성이자 부당함에 맞서기 세미나에서 공명을 체험한 애덤, 엘리트 대학을 졸업하고 대학원에 들어가기 전 최고 교육기관에서 일하는 다인종 출신 이성애자 재키, 이 두 사람은 트럼프가 미국 대통령으로 선출된 이후 자신들이 겪은 상실에 항의합니다. 가부장제와 남성다움의 틀을 수용한 애덤은 어릴 때 가장 친했던 올리와의 진정한 연대를 끊어버렸지요. 그러면서 그는 남성다움이라는 가부장제 정의를 위해 사랑을 제물로 바쳤음을, 올리뿐 아니라 자기 자신까지 배반했음을 깨달으며 그것이 "지금까지 내 인생에서 가장 후회되는 유일한 일"이라고 말합니다.

재키는 자신의 정직한 목소리를 억눌렀습니다. 진실을 말하지 않음으로써 그녀는 자신을 유기했고 관계에서 자신을 삭제했습니다. 부당함에 맞서기 세미나의 마지막 리포트에서 그녀는 강간 피해를 당한 후 침묵한 것을 "내가 믿었던 모든 것에 대한 배신"이라고 규정합니다.

> 강간당한 이후 가장 힘들었던 점은 내가 침묵했다는 것이었다. 이제 와 돌이켜보니 그 침묵은 내가 믿었던 모든 것에 대한 배신처럼 느껴진다. 강간 피해를 입기 1년 전에 내 친구가 친구였던 어떤 사람에게 강간당한 사실을 알았다. 나는 친구의 편에 서서 할 수 있는 모든 일을 다 했다. 강간 가해자를 직접 만났으며, 친구가 도움받을 수 있도록 여러 단체를 연결해주었고 믿을 만한 교수를 만나는 데 동행했다. 그러나 막상 그 일이 내게 닥치자 나는 그렇게 하지 못했다. 마치 물에 빠져 죽어가는 듯했고, 무기력해졌으며 진실을 말할 능력을 잃은 듯했다.

목소리의 상실은 트라우마가 낳은 유산입니다. 트라우마는 목소리를 아무런 힘도 없게 만들기 때문이지요. 항의는 간과되고 무시되어 절망에 빠지다 결국 거리 두기에 이릅니다. 강간 생존자들에게 흔히 나타나는 몸과의 해리가 일어나기도 합니다. 그러나 재키가 깨달았다시피 그녀의 침묵은 강간의 유산이기도 하지만 가부장제를 지속시키는 역할도 맡고 있습니다.

> 여성이 계속 침묵한다면 남성보다 열등하다는 문화의 틀에서 벗어날 수 없다. 또한 서로에게서 아무것도 배우지 못하고 성장하지 못한다. 게다가 여러 정체성이 만나 생기는 교차 지점에 서 있

어도 우리가 직면하는 상황을 어떤 식으로 풀 수 있을지 탐색하지 못한다. 우리가 서로 침묵하며 그 침묵을 더 강하게 만들면 가부장제가 현 상태를 유지하는 데 공조하는 셈이다.

우리는 애덤과 재키에게서 저항의 행위가 항의의 행위이자 복원으로 가는 움직임이기도 하다는 사실을 절실하게 배웁니다. 부당함에 맞선다는 것은 동등한 목소리, 동등한 인권을 지향하는 민주주의 가치에 반하는 가부장제에 항의한다는 뜻이지요. 뿐만 아니라 인간과의 관계에서 생기는 분열을 복원한다는 뜻인데 이는 '관계'를 관계로 대체한다는 의미기도 합니다.

극단적인 경우를 제외하고 어느 정도 우리가 처음부터 알았던 것에 마음을 연다 함은 우리가 다시 관계에 대한 희망에 우리 자신을 개방한다는 뜻이지요. 그것은 서로 호응하며 관여하는 기쁨이기도 한데 만약 그 희망을 허망한 것이라고 판단하면 절망으로 가는 길로 진입하는 것과 다름없습니다. 이것은 절망과 거리 두기로 되돌아가는 방어적 심리가 작동할 수 있다는 뜻입니다. 물론 가부장제와 결별하는 길로 우리를 이끌 수도 있지요. 그렇다면 우리는 사막을 횡단해 행진하는 것과 동일한 길을 걷게 됩니다.

부당함에 맞서기 세미나의 마지막 프로젝트에서 애덤은 올리에게 바치는 노래를 만들어 부릅니다. 그는 자신이 포기했던 또

다른 사랑의 대상이기도 한 음악을 통해 분열을 회복하려 합니다. "나는 소년에서 남자로 '성장하면서' 생긴 도덕적 상처를 음악이라는 도구를 통해 회복하고 싶었다"고 씁니다. 그러면서 그는 "이제라도 생각과 감정을 재연결"하리라는 희망을 품습니다. 그리고 "절친한 친구가 성장하는 방향에 공감하지 못하고, 도덕적이지도 못했던 나의 행위를 고백하고, 동성애자 소년과 친밀해 보이는 것에 대한 사람들의 시선을 두려워한 나를 털어놓는 노래"를 만들어 부르며 올리와의 관계를 회복하고 싶어 합니다. 음악에 대한 사랑과 올리에 대한 사랑을 관련지으며 애덤은 가부장제에 항의합니다. 가부장제는 자신의 영속성을 담보해줄 심리적 힘을 가동하기 때문에 단순한 정치적 행위 그 이상이었던 것이죠. 올리에게 바치는 노래는 사랑에 대한 배반을 토대로 한 남성다움과의 절교 선언이었습니다.

재키는 리포트에서 자신을 강간한 가해자에게 편지를 쓰기로 결심했다고 적었습니다. 그에 대한 분노를 상세하게 표현하고 "나 자신을 희생해 궁극적으로 그를 보호했던 방식"을 설명합니다. 가해자는 자신이 행한 짓을 인정하고는 자신도 무척 유감이라는 답장을 보내왔습니다. 재키는 "내 분노는 더 커졌다"고 말합니다.

> 편지를 쓰기 전에는 그가 내게 한 짓을 충분히 이해하지 못할 수도 있다고 생각했다. 그러나 그의 답장을 보니 그게 아니라는 사

실이 명확해졌다. 그는 자신이 나를 강간했다는 사실을 알고 있었다. 답장을 받고 머릿속이 복잡해졌다. 편지에서 말한 대로 그가 정말 유감이라고 느꼈다면 왜 그때 바로 사과하지 않았을까? 왜 그는 도움을 구하러 가지 않았을까? 왜 나는 여전히 그가 여성을 함부로 대한다는 소문을 듣고 있는 걸까? 그제야 나는 침묵을 깨고 나올 수 있었다.

강간의 부당함과 연이은 배반에 항의함으로써 재키는 침묵을 깨고 나왔습니다. 그녀는 자기 자신이 되어 관계 안으로 몰입하는 방법을 찾았습니다. 그녀는 강간범에게 편지를 썼습니다. 이전에 그 강간범은 재키의 친구이기도 했죠. 가해자의 답장에 그녀가 보인 반응이 당황스러울 수도 있습니다. 그는 그녀에게 사과했고, 자기가 한 짓에 죄의식을 느낀다고도 말했거든요. 그렇다면 그녀는 무엇을 더 원했을까요?

자세히 들여다보면 재키는 다른 질문을 하고 있습니다. 그가 "진심으로 자신이 한 짓을 이해"했다면 이런 질문을 해야 하죠. 사과하면서 그는 죄의식을 느꼈는가? 그가 어떻게 그런 짓을 할 수 있었을까? 어떻게 그가 그녀를 강간할 수 있었을까? 만약 그가 괴물이 아니라 인간이라면, 사실은 그가 그녀의 감정을 이해할 수 있다면 그에게 무슨 일이 일어났길래 그런 짓을 저지를 수 있었을까? 무엇이 타인의 감정에 대한 이해심뿐 아니라 그의 인간성까지 짓밟아버렸는가? 그녀에게 사과하고 죄의식을 느낀다고 말했으면서 왜 다른 여성들에게까지 지속적으로 야비하게 굴고 있는가? 우리는 재키가 침묵을 깬 이유를 자신에게 일어난 일을 보다 체계적으로 이해했기 때문이라고 추정할 수 있습니다. 가해자가 괴물이어서가 아니라 '뭔가'가 그와 그의 인간성을 분리시켰기 때문이었죠.

부당함에 맞서기 세미나에서 나눈 이야기를 통해 애덤과 재키는 상황이 구조화되는 방식에 주목하도록 우리를 일깨웁니다. 가부장제의 눈으로 본다면 가해자의 사과는 재키의 분노에 기름을 부을 것이 아니라 그것을 누그러뜨려야 했습니다. 페미니스트의 눈으로 본다면 가해자는 자기 자신과 전혀 대면하지 않는 태도로 일관했으며 여성을 대하는 태도도 전혀 변하지 않았지요. 이런 사실을 깨닫자 재키의 분노가 커졌습니다. 이런 의미에서 그의 사과는 공허했습니다. 사과를 받아들였다면 재키는 잘못되었음을 알면서도 다시 그 관계를 시작했겠지요. 그러나 깊은 통찰 덕분에 그녀는 사과를 받아들이지 않았습니다. 그가 자기 스스로와도 거짓된 관계를 맺는다는 사실을 알아차렸기 때문입니다.

이제 애덤의 이야기로 가봅시다. 애덤은 올리와의 우정을 배반했다는 사실뿐 아니라 진정한 연대, 자신이 느낀 형제애 같은 사랑을 배반하면서 스스로를 배반했음을 깨달으며 양심의 가책을 느꼈습니다. 올리에게 바치는 노래를 만들고 부르며 애덤은 음악에 대한 사랑, 올리에 대한 사랑을 되찾았을 뿐 아니라 자기 스스로와도 진실한 관계를 맺을 수 있게 되었습니다.

거리 두기에서 항의로, 병리적 저항에서 건강한 저항을 아는 것으로 변화함으로써 재키는 정치적으로 저항하기에 이릅니다. 그녀는 "이를 악물고 버티라는 사회적 기대"에 대항했습니다. 그녀를 침묵케 한 권력과 힘겨루기를 하며 재키는 계속 강간이 일어나도록 묵과하는 구조에 대해 알고 싶어졌습니다.

사실 그건 여성의 침묵 속에서 그 의미를 찾을 수도 있지요. 학내 성폭력 발생률이 높다는 사실을 익히 아는 대학교 행정가들은 그들이 시행하는 정책이 거의 혹은 전혀 효과가 없음에도 그대로 방치하며 살아갑니다. 재키는 이런 행태를 이해할 수 없었습니다. 다른 여성과 마찬가지로 그녀도 막상 당사자가 되고 보니 강간을 알린 사람들에게 대학교 행정가들이 보이는 반응은 피해자가 침묵하는 데 일조하는 트라우마만 심화시켰습니다. 그러나 대학원에 진학하기 전 대학교 행정가가 되면서 그녀는 행정가들이라고 해서 인간의 감정이라고는 찾아볼 수 없는 괴물이나 냉혈한은 아니란 사실을 알게 되었지요. 타이틀 나인Title IX[i]을 시행하는 역할에 따라 자신이 하는 행위를 어떻게 이해하고 있는지, 어려움을 시정해달라고 찾아오는 학생들을 대하는 자신의 반응을 그들 스스로 어떻게 평가하는지, 그들은 어떻게 자존감을 유지하는지 등에 대한 의문이 생겼습니다. 논문을 작

i 미국 교육계에 존재하는 성차별을 없애기 위해 1972년에 제정된 법률

성하기 위해 재키는 캠퍼스 내 성폭력 발생을 줄이는 데 책임이 있는 대학교 행정가들을 인터뷰하면서 이런 질문을 추적해나가려고 합니다.

"그 일이 있기 전에는 그 어떤 것도 내가 발언하는 데 걸림돌이 되지 못했지만 강간은 나를 침묵시켰다." 재키가 쓴 세미나의 마지막 리포트는 "여동생들을 위하여"로 시작합니다. "성폭력이 수시로 일어나므로 성폭력과 더불어 살아갈 수도 있는" 세상에서 자라나는 여동생들을 위하여 그리고 여성들의 보다 큰 자매애를 위하여 리포트를 쓴 것입니다. 그녀는 "기소하지 않은 강간 파일을 책상에 잔뜩 쌓아둔 그 경찰서에서 난 다시는……, 젠더 불평등과 성폭력에 침묵하지 않겠다고 맹세"하기도 했지요.

우리는 '왜 가부장제가 지속되는가'라는 질문으로 시작했습니다. 답을 찾아가면서 가부장제의 지속성과 상실의 심리를 연결하는 일련의 고리를 발견했습니다. 가부장제의 지속성은 항의에서 절망으로, 다시 거리 두기로 전환되는 과정과 일치합니다. 그렇지 않으면 궐기하며 일어났을 테지요.

우리는 각성합니다. 가부장제를 지탱하는 바로 그 심리 안에는 저항과 전환의 가능성도 함께 존재한다는 사실을 말입니다. 여러 면에서 암흑 시대에 살고 있기에 희망의 분노는 횃불이 되어 우리에게 절망에서 벗어날 길을 알려줍니다.

✦ **나오미**

나는 우리를 갈라놓은 상실이 우리를 연결한다는 통찰을 얻었습니다. 이런 사실을 깨닫고 나자 회복을 막는 저변의 힘이 강하기는 하지만 결국 늘 회복이 가능한 이유는 무엇인지, 상실이 회복 불가능한 것이 아닌 까닭은 무엇인지 보이기 시작했습니다.

✦ **캐럴**

가부장제를 굳건하게 지키는 기제가 얼마나 정교한지를 깨달은 것이 성과입니다. 시계가 작동하는 듯합니다. 민주주의와 사랑이 가는 길에 분열이 생기고 그 상처를 회복하려는 어떤 움직임이 보일 때마다 가부장제는 정확하게 수치심을 건드립니다. 가부장제는 회복을 가능케 하는 능력의 심장을 공격합니다. 그 능력은 우리가 경험한 것을 말할 수 있는 능력이고 관계를 잃었을 때 발생하는 고통에 민감하게 반응하는 능력이기도 하지요.

우리는 생명이 시작된 바로 그 시점부터 지금까지 존재해온 인간적인 능력이 바로 그것이라는 점을 계속 기억하기 위해 유튜브 아기 동영상을 무한 반복해 시청합니다.

✦✦ **캐럴과 나오미**

우리는 정치적 변화는 심리적 변화에 달려 있고 그 반대의 경우도 마찬가지라는 인식에 도달했습니다. 가부장제의 심리와 결별하면서 그것의 정치학까지 제거하기가 쉽지는 않습니다. 늘 있던 그대로 정치를 내버려 둔다면 그것의 심리는 쉽게 본성으로 오인됩니다. 남성은 정서적으로 무지해 자신의 아픔이나 타인의 아픔을 인지할 수 없고, 여성은 본래부터 자아가 없는 천사거나 천사가 아니라면 탕녀의 운명을 안고 있다는, 본성의 탈을 쓴 교묘한 주문 말입니다.

함께 이 책을 집필하며 알아차린 것이 있습니다. 우리는 서로의 울림통이 되어 다소 모호한 공명은 솎아내고 의심스럽거나 의문스러운 것, 이해했거나 궁금한 부분을 말하며 미처 말로 다 하지 못한 것들을 상대편에게서 끌어낼 수 있었습니다. 공명하기 위해 따로 준비해야 할 것이 거의 없다는 사실에도 놀랐습니다. 공명하니 혼란에 빠져 있고, 침묵에 붙들려 있던 목소리가 해방되더군요. 이 경험을 통해 우리는 더 넓은 공동체 안에서 이런 일이 일어나지 못하게 막아온 권력을 다시 실감합니다. 만약 상실에 보이는 인간적인 반응과 상실에 의존하는 구조 사이에 근본적으로 긴장이 존재한다면 여기가 바로 전쟁이 시작될 곳이기 때문이지요.

다시 말하건대 가부장제의 존폐는 관계를 복원시킬 인간의 능력을 성공적으로 무효화하느냐 마느냐의 여부에 달려 있습니다. 가부장제의 위계질서는 관계의 상실을 전제로 하며 따라서 사랑을 제물로 바쳐야 합니다. 반대로 민주주의는 사랑과 마찬가지로 관계에 의존합니다. 또한 모든 사람이 자신의 경험에 근거한 목소리를 낼 수 있느냐 마느냐에 달려 있습니다. 이런 의미에서 모든 사람의 목소리는 민주주의의 가치를 실현하는 데 없어서는 안 될 요소입니다. 따라서 모든 사람의 목소리는 소환되어야 하고 환영받아야 하며 누구든 귀 기울여 듣고 그에 호응해야 합니다. 이것은 반드시 그 목소리에 동의해야 한다는 뜻은 아닙니다. 하지만 존중하는 자세는 필수이지요. 동등한 목소리는, 가령 갈등이 생길 경우 완력을 사용해 지배하지 않고도 관계 안에서 함께 어우러지도록 이끄는 조건입니다. 인간의 본성인 관계 맺는 능력이 우리가 집단적으로 가게 될 교차로, 민주주의와 가부장제가 엇갈리는 위험한 교차로에 서 있습니다. 우리가 직면한, 그 어느 때보다 시급하게 대답해야 할 질문은 이것입니다. 우리는 어느 쪽으로 가게 될까?

주

들어가는 말

1. A. Roy, *The God of Small Things*, New Delhi: India Ink, 2001/1997, p.33.
2. L. Tolstoy, *Anna Karenina*, trans. R. Pevear and L. Volokhonsky, New York: Penguin, 2001/1878, P.418.
3. Ibid., P.419.
4. Ibid., P.425.
5. T. Sidesinger, "The Nasty Woman: Destruction and the Path to Mutual Recognition," conference paper, "Psychology & the Other," Boston, October 13~15, 2017.
6. 다음을 참조하라. F. De Waal, *The Age of Empathy*, New York: Harmony, 2009; M. D. Lieberman, *Social: Why Our Brains are Wired to Connect*, New York: Random House, 2013; S. Hrdy, *Mothers and Others*, Cambridge, MA: Belknap Press of Harvard University Press, 2011; N. Way, A. Ali., C. Gilligan, and P. Noguera, eds, *Crisis of Connection: Its Roots, Consequences, and Solutions*, New York: NYU Press, 2018.

7. Hrdy, *Mothers and Others*, p.287.
8. D. Ackerman, *The Zookeeper's Wife*, New York: W. W. Norton & Co., 2007. A. Lori, "Code Name: Fox," *Haaretz*, February 21, 2008, https://www.haaretz.com/1.4994531(2018년 5월 2일 방문) 다음 자료 또한 참조하라. P. Hallie, *Lest Innocent Blood be Shed: The Story of the Village of Le Chambon and How Goodness Happened There*, New York: Harper and Row, 1979; B. Lidegaard, *Countrymen: The Untold Story of How Denmark's Jews Escaped the Nazis, of the Courage of Their Fellow Danes and of the Extraordinary Role of the SS*, New York: Alfred A. Knopf, 2013.
9. https://www.youtube.com/watch?v=apzXGEbZht0(2018년 1월 11일 방문)
10. S. Freud, "The Question of Lay Analysis," in *The Standard Edition of the Complete Psychological Works of Sigmund Freud*, Vol. 20, ed. and trans. J. Strachey, London: Hogarth Press, 1959/26, pp.222~223.

여성다움, 남성다움 배우기

1. C. Gilligan, *The Birth of Pleasure*, New York: Alfred A. Knopf, 2002.
2. Ibid., p.10.
3. 다음을 참조하라. C. Gilligan, "The Centrality of Relationship in Human Development: A Puzzle, Some Evidence, and a Theory," in K. Fisher and G. Noam, eds, *Development and Vulnerability in Close Relationships*, New Jersey: Lawrence Erlbaum Associates, 1996; S. Nolen-Hoeksema, J. S. Girgus, and M. E. Seligman, "Sex Differences in Depression and Explanatory Style in Children," *Journal of Youth and Adolescence*, 20(2), 1991, pp.233~245.
4. J. Y. Chu, *When Boys Become Boys: Development, Relationships, and Masculinity*, New York: New York University Press, 2014.
5. Ibid., pp.26~27.
6. Ibid., p.206.

7. 7. Ibid., pp.203~207.
8. N. Way, *Deep Secrets: Boys' Friendships and the Crisis of Connection*, Cambridge, MA: Harvard University Press, 2011.
9. Ibid., p.1.
10. Ibid., p.242.
11. Apuleius, *Metamorphoses* (second century CE), trans. J. A. Hanson, Cambridge, MA: Harvard University Press, 1989.
12. Sophocles, *The Oedipus Cycle* (429 BCE), trans. D. Fitts and D. R. Fitzgerald, New York: Harcourt, Brace & World, 1949.
13. Ibid., pp.66, 56.

감옥과도 같은 안식처

1. Gilligan, *The Birth of Pleasure*, p.65.

저항의 목소리가 사라지는 과정

1. C. Gilligan, *Joining the Resistance*, Cambridge: Polity Press, 2011, p.63.
2. A. Phillips, "Judas' Gift," *London Review of Books*, January 5, 2012, p.14.
3. Shakespeare, *The Tempest*, ed. R. Langbaum, New York: Penguin, 1998, 4.1:106.
4. Gilligan, *Joining the Resistance*, p.66.
5. L. M. Brown and C. Gilligan, *Meeting at the Crossroads: Women's Psychology and Girls' Development*, Cambridge, MA: Harvard University Press, 1992, p.137.
6. A. R. Damasio, *Descartes' Error: Emotion, Reason and the Human Brain*, New York: Putnam Publishing Group, 1994; A. R. Damasio, *The Feeling of What Happens: Body and Emotion in the Making of Consciousness*, San Diego:

Harcourt, 1999.
7. Brown and Gilligan, *Meeting at the Crossroads*, p.138.
8. Way, *Deep Secrets*, p.2.
9. Brown and Gilligan, *Meeting at the Crossroads*, p.40.
10. L. Machoian, *The Disappearing Girl: Learning the Language of Teenage Depression*, New York: Penguin, 2006, pp.40~41.
11. Gilligan, *Joining the Resistance*, pp.134~135.

고통에서 벗어나기 위한 몸부림

1. S. Freud, "Mourning and Melancholia," in *The Standard Edition of the Complete Psychological Works of Sigmund Freud*, Vol. 14, ed. and trans. J. Strachey, London: Hogarth Press, 1957/17, pp.237~258.
2. Ibid, p.249.
3. M. Klein, "A Contribution to the Psychogenesis of Manic-Depressive States," *International Journal of Psycho-Analysis*, 16, 1935, pp.145~174.
4. J. Bowlby, *Attachment and Loss*, 3 vols, New York: Basic Books, 1969, 1973, 1980.
5. Bowlby, *Attachment and Loss*, Vol. 1, pp.27~28.
6. Ibid., p.27.
7. Bowlby, *Attachment and Loss*, Vol. 2, p.246.
8. Ibid., pp.201~202. "애착하는 인물이 만날 가능성 있는 존재가 되려면 그 사람에게 가까이 갈 수 있고 호응을 얻을 수 있어야 한다. 그러므로 '만날 가능성 있는 존재'란 애착하는 인물에게 가까이 갈 수 있고 그 사람이 호응해줄 가능성이 있다는 의미로 이해되어야 한다."
9. 민주주의와 권위주의의 차이를 알고 싶다면 다음 자료를 참고하라. Gilligan, *Joining the Resistance*; C. Gilligan and D. A. J. Richards, *The Deepening Darkness: Patriarchy, Resistance, and Democracy's Future*, Cambridge: Cambridge

University Press, 2008; C. Gilligan and D. A. J. Richards, *Darkness Now Visible: Patriarchy's Resurgence and Feminist Resistance*, Cambridge: Cambridge University Press, forthcoming.
10. 볼비의 연구는 병원 방문 시간 연장 및 부모를 위한 침상 마련 등 소아 병동의 입원 관행을 개혁하는 데 큰 역할을 했다. 볼비의 연구가 미친 영향을 개괄하려면 다음을 참고하라. R. Kozlovsky, *The Architects of Childhood: Childhood, Modern Architecture, and Reconstruction in Postwar England*, New York: Routledge, 2016, pp.141~172; H. Hendrick, "Children's Emotional Well-being and Mental Health in Early Post-Second World War Britain; The Case of Unrestricted Hospital Visiting," *Cultures of Child Health in Britain and the Netherlands in the Twentieth Century*, 17, 2003.
11. Bowlby, *Attachment and Loss*, Vol. 1, pp.27~28.
12. Bowlby, *Attachment and Loss*, Vol. 2, pp.246~257.
13. Ibid., p.248.
14. Ibid., p.249.
15. Ibid., p.250.
16. S. H. Sands, "What is Dissociated?" *Dissociation: Progress in the Dissociative Disorders*, 7, 1994, pp.145~152, p.149.
17. Bowlby, *Attachment and Loss*, Vol. 1, p.28.
18. Ibid., emphasis added.
19. Bowlby, *Attachment and Loss*, Vol. 3, pp.369~370.
20. Bowlby, *Attachment and Loss*, Vol. 2, p.19.
21. Bowlby, *Attachment and Loss*, Vol. 3, p.70. "애착 행동 혹은 생각과 감정을 중재하는 시스템이 활성화되지 못하는 이유는 애착 행동과 감정을 활성화할 수 있는 어떤 감각이 유입되는 것을 완벽하게 차단하기 때문이다. 이렇게 되면 결국엔 부분적으로 혹은 완벽하게 감정과 분리된 상태에 이른다."
22. A. D. Smith, *Notes From the Field*, directed by L. Foglia, Second Stage Theatre, New York, November 2, 2016.
23. J. Bowlby, "On Knowing What You Are Not Supposed to Know and Feeling

What You Are Not Supposed to Feel," *Can. J. Psychiatry*, 24(5), 1979, pp.403~408.

24. Ibid., p.406.
25. Way, *Deep Secrets*, p.231.
26. Ibid., p.233.
27. Ibid.
28. Ibid., p.232.
29. Ibid., p.241.
30. Ibid., p.242.
31. Ibid., p.241.
32. P. M. 브롬버그는 섭식 장애 환자의 경우 관계를 음식으로 대체한다는 관점에서 이 문제를 지적한다. 다음을 참조하라. P. M. Bromberg, "Treating Patients with Symptoms-and Symptoms with Patience," *Psychoanalytic Dialogues*, 11(6), 2001, pp.891~912.
33. Way, *Deep Secrets*, p.189.
34. Ibid., p.193.
35. J. Gilligan, *Violence: Reflections on a National Epidemic*, New York: Vintage Books, 1996.
36. Bowlby, *Attachment and Loss*, Vol. 2, pp.211~215.
37. 강제적 돌봄을 개괄하려면 다음을 참조하라. Bowlby, *Attachment and Loss*, Vol. 3, pp.156~157, 206~211, 222~224. 불안한 애착에 관해 더 깊이 알고 싶다면 다음 부분을 보라. pp.203~206, 218~222.
38. D. C. Jack, *Silencing the Self: Women and Depression*, Cambridge MA: Harvard University Press, 1991, p.40. 이 책은 여성의 우울증을 이해하는 데 도움을 준다. 여성의 우울증 발생률이 높은 이유가 사회적 불평등과 관련 있다고 주장한다. 문화가 기대하는 여성스러운 선함을 내면화했을 때 여성의 행동이나 우울증에 어떤 영향을 미치는지를 비교문화의 관점에서 다룬 국제 연구 이론을 알고 싶다면 다음을 보라. D. C. Jack and A. Ali, eds, *Silencing the Self Across Cultures: Depression and Gender in the Social World*, Oxford: Oxford University Press, 2010.

39. Bowlby, *Attachment and Loss*, Vol. 3, p.157.
40. Ibid., pp.67~68.
41. Jack, *Silencing the Self*, p.40.
42. Bowlby, *Attachment and Loss*, Vol. 3, pp.69~70.
43. W. R. D. Fairbairn, *Psychoanalytic Studies of the Personality*, London: Tavistock, 1952, p.66.
44. Bowlby, *Attachment and Loss*, Vol. 3, p.71; Bowlby, "On Knowing."
45. V. Woolf, "Professions for Women," in *The Death of the Moth and Other Essays*, New York: Harcourt, Brace and Company, 1942/31, pp.149~154.
46. Ibid.
47. Bowlby, *Attachment and Loss*, Vol. 3, p.411. "발전된 이론의 관점에서 보면 강제적 돌봄은 돌봄을 찾는 대안으로 간주되어야 한다. 그것은 돌봄을 추구하는 행위와 양립할 수 없으면서도 편안함을 가져온다는 사실 때문에, 특히 성인들이 인정한다는 사실 때문에 자신을 돌봐야 할 때마다 일상적으로 의존할 위험이 있다."
48. J. Holmes, *Attachment, Intimacy, Autonomy: Using Attachment Theory in Adult Psychotherapy*, New Jersey: Rowman & Littlefield, 1996, p.100.

피해자이며 수호자이기도 한

1. Damasio, Descartes' Error; Damasio, *The Feeling of What Happens*; J. E. LeDoux, *The Emotional Brain*, New York: Simon & Schuster, 1996.
2. Brown and Gilligan, *Meeting at the Crossroads*, p.119.
3. E. Dickinson, "Poem 670"(1863, excerpted), in *The Complete Poems of Emily Dickinson*, ed. T. H. Johnson, Boston, MA: Little, Brown, 1960, p.333.
4. D. Barnow, H. Paape, and G. Van Der Stroom, eds, *The Diary of Anne Frank: The Revised Critical Edition Prepared by The Netherlands Institute for War Documentation*, trans. Arnold J. Pomerans and B. M. Mooyaart, New York: Doubleday/Random House, 2003, pp.719, 721.

5. D. Umberson and J. Karas Montez, “Social Relationships and Health: A Flashpoint for Health Policy,” *Journal of Health and Social Behavior*, 51(1 supplement), 2010, pp.S54~S66; G. Bosmans and B. De Smedt, “Insecure Attachment is Associated with Math Anxiety in Middle Childhood,” *Frontiers in Psychology*, 6, 2012, p.1596.
6. b. hooks, “Understanding Patriarchy,” 2013, Louisville Anarchist Federation, Louisville Lending Library, 2003.
7. Ibid., p.2.
8. Ibid., p.1.
9. Ibid.
10. Gilligan, *Joining the Resistance*, p.132.
11. V. L. Brescoll and E. L. Uhlmann, “Can an Angry Woman Get Ahead? Status Conferral, Gender, and Expression of Emotion in the Workplace,” *Psychological Science*, 19(3), 2008, pp.268~275.
12. 다음을 보라. M. Morris, *Pushout: The Criminalization of Black Girls in Schools*, New York: The New Press, 2015; A. Ritchie and A. Y. Davis, *Invisible No More: Police Violence Against Black Women and Women of Color*, Boston: Beacon Press, 2017.
13. T. G. Okimoto and V. L. Brescoll, “The Price of Power: Power Seeking and Backlash Against Female Politicians,” *Personality and Social Psychology Bulletin*, 36(7), 2010, pp.923~936.
14. R. 트레이스터가 인용함, “Hillary Clinton Is Furious. And Resigned. And Funny. And Worried,” *New York Magazine*, May 26, 2017, http://nymag.com/daily/intelligencer/2017/05/hillary-clinton-life-after-election.html(2018년 1월 14일 방문)
15. 2013년 1월, 클린턴이 국무장관직에서 물러났을 때 지지율이 69퍼센트에 달했다. 가장 인기 있는 정치인이자 1948년 이래 두 번째로 인기 있는 국무장관이라는 기록을 세웠다. S. Doyle, “America Loves Women Like Hillary Clinton-As Long As They’re Not Asking For a Promotion,” *Quartz*, February 25, 2016,

https://qz.com/624346/america-loves-women-like-hillary-clinton-as-long-as-theyre-not-asking-for-a-promotion(2018년 1월 15일 방문)

16. M. Beard, *Women & Power: A Manifesto*, New York: W. W Norton & Company, 2017.
17. Way, *Deep Secrets*, pp.220~221.
18. Ibid., p.92.
19. Ibid., p.93.
20. Ibid., p.1.
21. Ibid., p.209.
22. D. Jack, "The Anger of Hope and the Anger of Despair: How Anger Relates to Women's Depression," in J. M. Stoppard and L. M. McMullen, eds, *Situating Sadness: Women and Depression in Social Context*, New York: NYU Press, 2003, pp.62~87.
23. Ibid., p.65.
24. Ibid.
25. Way, *Deep Secrets*, pp.185, 189.
26. Ibid., p.222. 이런 공격적인 분노는 밖을 향하는 경향이 있다. 그러나 극단적인 상황에서는 격렬한 분노가 자기 자신에게로 방향을 전환하기도 한다. 이런 현상은 남성의 자살률에 반영된다.
27. Ibid., p.113.

절망의 자리에서 희망을 찾다

1. C. Gilligan, "Recovering Psyche," *The Annual of Psychoanalysis, V. 32: Psychoanalysis and Women*, 32, 2013, pp.131~148, at p.134.
2. 인종과 젠더의 교차 관계에 관해 포괄적인 정보를 얻고 싶다면 다음을 보라. P. H. Collins, *Black Feminist Thought: Knowledge, Consciousness, and the Politics of Empowerment*, New York: Routledge, 2000; P. H. Collins and S. Bilge,

Intersectionality, Cambridge: Polity, 2016; K. Crenshaw et al., eds, *Critical Race Theory: The Key Writings That Formed the Movement*, New York: The New Press, 1996; K-Y. Taylor, *How We Get Free: Black Feminism and the Combahee River Collective*, Chicago: Haymarket Books, 2017.

3. J. Adelson and M. Doehrman, "The Psychodynamic Approach to Adolescence," in J. Adelson, ed., *Handbook of Adolescent Psychology*, New York: Wiley, 1980, p.114.
4. Ibid.
5. Gilligan, *The Birth of Pleasure*, p.9.
6. C. H. Sommers, "The War Against Boys," *The Atlantic*, May 2000, https://www.theatlantic.com/magazine/archive/2000/05/the-war-against-boys/304659(2018년 1월 14일 방문)
7. C. Gilligan, *In a Different Voice*, Cambridge, MA: Harvard University Press, 1982, p.2.
8. Brown and Gilligan, *Meeting at the Crossroads*, p.5.
9. P. C. Davis, *Neglected Stories*, New York: Hill and Wang, 1998.
10. D. A. J. Richards, *Women, Gays and the Constitution: The Grounds for Feminism and Gay Rights in Culture and Law*, Chicago: University of Chicago Press, 1998.
11. 민주주의를 위협하는 존재로서의 가부장제를 논의하려면 다음을 보라. Gilligan and Richards, *The Deepening Darkness*, and *Darkness Now Visible*.
12. Gilligan, *The Birth of Pleasure*, p.6.
13. Ibid., p.53.
14. Ibid.
15. 다음을 참조하라. J. A. Dorney, "Splitting the World Open: Connection and Disconnection Among Women Teaching Girls," in N. Way et al., *Crisis of Connection: Its Roots, Consequences, and Solutions*, New York: NYU Press, 2018

가부장제와 결별하는 사람들

1. UNSC Res 1325(October 31, 2000) UN Doc S/RES/1325.
2. D. Kirshbaum, "Why Women and Why Now?," womenwagepeace, June 2, 2017, http://womenwagepeace.org.il/en/women-now-rabbi-donna-kirshbaum-member-women-wage-peace(2018년 1월 15일 방문)
3. O. Lieberman, "Israeli, Palestinian Women Join Peace March Through Desert," *CNN*, October 9, 2017, http://www.cnn.com/2017/10/09/middleeast/israeli-palestinian-women-peace-march-desert/index.html(2018년 1월 16일 방문)
4. Ibid.
5. Kirshbaum, "Why Women and Why Now?"
6. Ibid.
7. The Radical Listening Project, NYU, https://wp.nyu.edu/radicallisteningproject.
8. J. Kantor and M. Twohey, "Harvey Weinstein Paid Off Sexual Harassment Accusers for Decades," *New York Times*, October 5, 2017, https://www.nytimes.com/2017/10/05/us/harvey-weinstein-harassment-allegations.html?_r=0(2018년 1월 15일 방문)
9. Z. Hill, "A Black Woman Created the 'Me Too' Campaign Against sexual Assault 10 Years Ago," *Ebony*, October 18, 2017, http://www.ebony.com/news-views/black-woman-me-too-movement-tarana-burke-alyssa-milano#ixzz54I5qwqoZ(2018년 1월 15일 방문)
10. A. Milano, "If you've been sexually harassed or assaulted write 'me too' as a reply to this tweet," October 15, 2017, https://twitter.com/Alyssa_Milano/status/919659438700670976?ref_src=twsrc%5Etfw&ref_url=http%3A%2F%2Fwww.cnn.com%2F2017%2F10%2F15%2Fentertainment%2Fme-too-twitter-alyssa-milano%2Findex.html(2018년 1월 15일 방문)
11. A. Park, "#MeTooReaches85CountriesWith1.7MTweets," *CBSNews*, October 24, 2017, https://www.cbsnews.com/news/o-reaches-85-countries-with-1-7-million-tweets(2018년 1월 15일 방문)

12. A. Vagianos, "In Response to #MeToo, Men Are Tweeting #HowIWillChange," *Huffington post*, October 18, 2017, https://www.huffingtonpost.com/entry/in-response-to-metoo-men-are-tweeting-howiwillchange_us_59e79bd3e4b00905bdae455d(2018년 1월 15일 방문)

지금 우리가 서 있는 곳은?

1. Gilligan, Violence; J. Shay, *Achilles in Vietnam: Combat Trauma and the Undoing of Character*, New York: Simon and Schuster, 1994.
2. S. Zackerek, E. Docterman, and H. S. Edwards, "The Silence Breakers," *Time*, December 18, 2017, http://time.com/time-person-of-the-year-2017-silence-breakers(2018년 1월 15일 방문)

옮긴이 **이경미**

대학원에서 여성학을 전공하고 한국성폭력상담소에서 일했다. 이 인연을 바탕으로 여성학 관련서를 번역하며 페미니즘에 합류하고 있다. 『페미니스트로 살아가기』, 『아주 특별한 용기』, 『기업과 섹슈얼리티』, 『다시: 이혼한 사람들을 위한 셀프 리빌딩』, 『우리 속에 있는 지혜의 여신들』, 『나이듦을 배우다』, 등을 번역했다.

가부장 무너뜨리기

1판 1쇄 펴낸 날 2019년 9월 30일

지은이 | 캐럴 길리건, 나오미 스나이더
옮긴이 | 이경미

편집 | 안희주
경영지원 | 진달래

펴낸이 | 박경란
펴낸곳 | 심플라이프
등록 | 제2011-000219호(2011년 8월 8일)
주소 | 경기도 파주시 광인사길 88 3층 302호 (문발동)
전화 | 031-941-3887, 3880
팩스 | 031-941-3667
이메일 | simplebooks@naver.com
블로그 | http://simplebooks.blog.me

ISBN 979-11-86757-48-2 03330

이 도서의 국립중앙도서관 출판시도서목록(CIP)은 서지정보유통지원시스템 홈페이지(http://seoji.nl.go.kr)와 국가자료공동목록시스템(http://www.nl.go.kr/kolisnet)에서 이용하실 수 있습니다.(CIP제어번호:2019034600)